Fred Artmeier

Schule für Ukulele

Course Of Instruction
For Ukulele

Griffbilder
Akkordsymbole
Songs

Fingeringcharts
Chord Symbols
Tunes

Impressum

© 1963 by Edition DUX, Manching
Überarbeitete Auflage 2000
D 320 / ISMN 979-0-50017-050-1 / ISBN 978-3-934958-35-7

Notensatz:
Jaskiela Medienagentur GmbH
Speyer

Umschlaggestaltung:
Werbeagentur Rauchbauer & Partner GmbH
Gaimersheim

www.dux-verlag.de

INHALT
Contents

BESCHREIBUNG DER UKULELE
Description Of The Ukulele

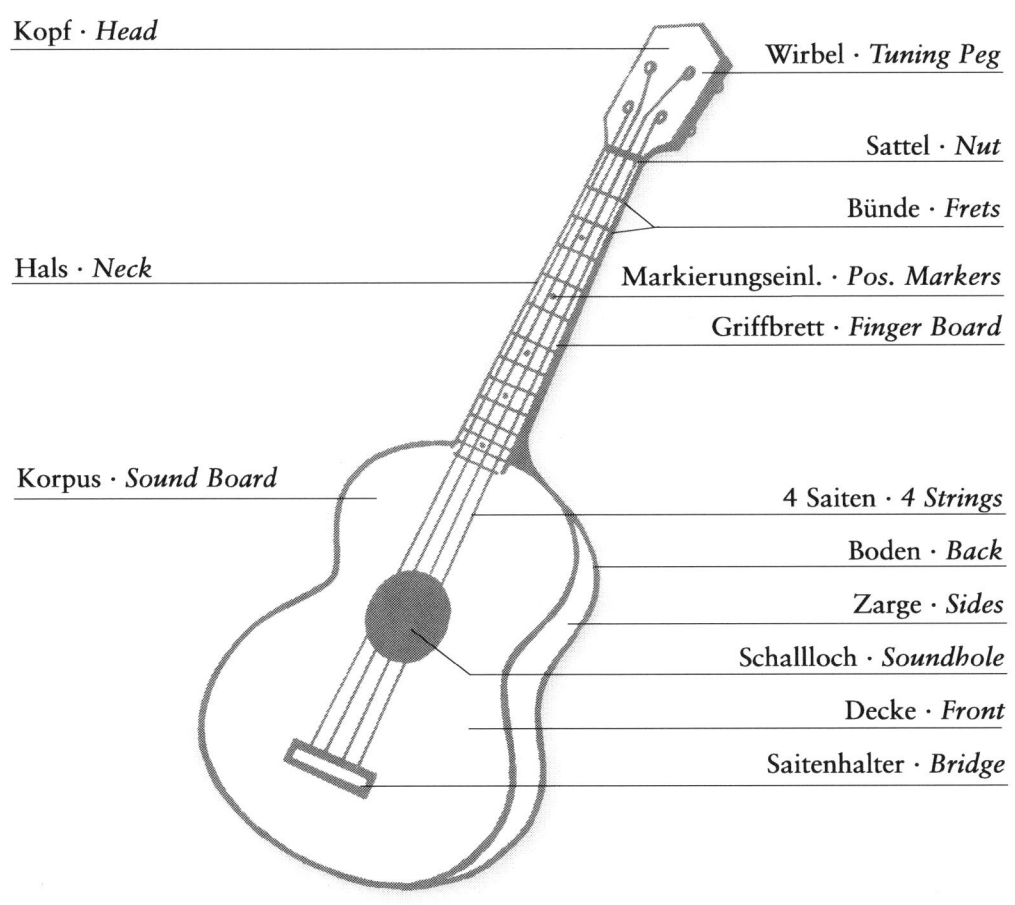

Kopf · *Head*

Wirbel · *Tuning Peg*

Sattel · *Nut*

Bünde · *Frets*

Hals · *Neck*

Markierungseinl. · *Pos. Markers*

Griffbrett · *Finger Board*

Korpus · *Sound Board*

4 Saiten · *4 Strings*

Boden · *Back*

Zarge · *Sides*

Schallloch · *Soundhole*

Decke · *Front*

Saitenhalter · *Bridge*

GRUNDSTIMMUNG DER UKULELE
Tuning Of The Ukulele

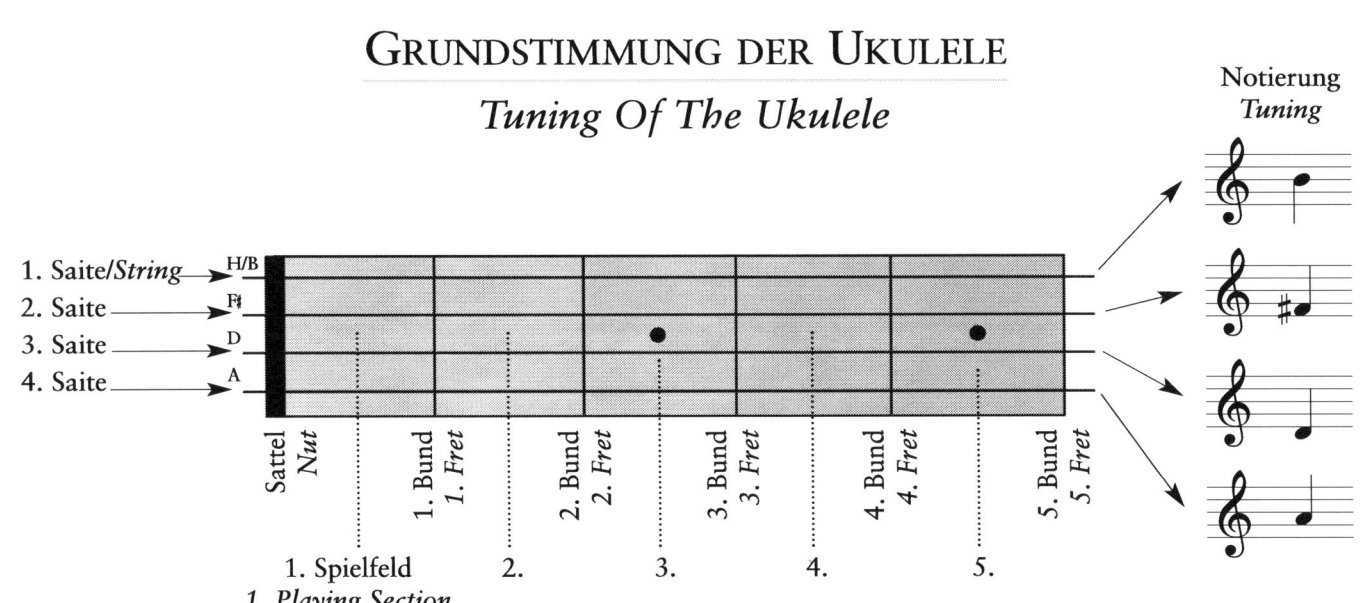

Notierung
Tuning

1. Saite/*String* — H/B
2. Saite — F♯
3. Saite — D
4. Saite — A

Sattel · *Nut*

1. Bund · *1. Fret*
2. Bund · *2. Fret*
3. Bund · *3. Fret*
4. Bund · *4. Fret*
5. Bund · *5. Fret*

1. Spielfeld · *1. Playing Section*   2.   3.   4.   5.

HALTUNG DER UKULELE
Handling Position How To Hold The Ukulele

Die Finger der linken Hand werden wie kleine Hämmerchen auf der Saite kurz hinter dem Bunddraht aufgesetzt.

The fingers of the left hand are placed on the strings like small hammers just behind the fret wire.

ANSCHLAG DER UKULELE
Plucking Of The Ukulele

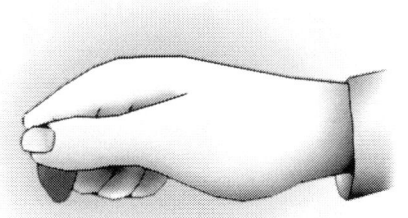

Die Saiten der Ukulele werden mit Hilfe eines Spielblättchens aus Filz angeschlagen. Dieses wird von Daumen und Zeigefinger der rechten Hand so gehalten, dass es leicht über die 4 Saiten gleiten kann. Die übrigen Finger sind eingezogen.

Der Anschlag erfolgt aus dem Handgelenk der rechten Hand.

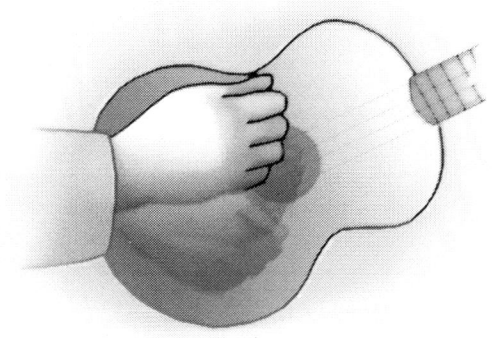

The strings on the ukulele are plucked with a plectrum made of felt. This is held thus by the thumb and index finger of the right hand, so that it moves smoothly over the 4 strings. The other fingers are slightly drawn in.

The plucking is affected by the wrist of the right hand.

ZEICHENERKLÄRUNG
Explanation Of Symbols

FINGERZEICHEN *Fingering Symbols*

1 = Zeigefinger · *index finger*
2 = Mittelfinger · *middle finger*
3 = Ringfinger · *ring finger*
4 = Kleiner Finger · *little finger*

o = Leere Saite, die zum angegebenen
Akkord stimmt.
Open string belonging to the given chord.

GRIFFBILDERKLÄRUNG *Chord Symbols*

Die senkrechten Linien stellen die 4 Saiten,
die waagerechten stellen die Bünde dar.
*The vertical lines represent the 4 strings,
the horizontal represent the frets.*

Diese Griffbilder erklären den Fingersatz
eines Akkordes.
*These chord symbols explain the fingering
of a chord.*

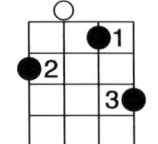

WICHTIGE MUSIKALISCHE GRUNDBEGRIFFE
Important Musical Fundamental Principles

TAKTZEICHEN *Time Signatures*

Schlusszeichen *Sign for end*	
Wiederholung aller Takte zwischen diesen Zeichen. *Repeat all bars between these signatures.*	
Taktwiederholung (Takt vor diesem Zeichen ∥ einmal wiederholen) *Repeat measure (the measure just before this sign ∥ is to be repeated once)*	
Beide Takte vor diesem Zeichen ∦ werden einmal wiederholt. *Both bars before this sign ∦ are to be repeated once.*	
Wiederholung vom Anfang des Stückes *Repeat from the beginning*	**DA CAPO (D.C.)**
Wiederholung vom Segno-Zeichen *Repeat from segno-marking*	**DAL SEGNO (D.S.)** (𝄋 oder 𝄌) *or*
Bei Wiederholung springe von ⊕ auf unteres ⊕ (Kopfzeichen). *When repeating jump from ⊕ to the next ⊕.*	⊕
Schluss *End*	**FINE**

ANSCHLAGSZEICHEN *Plucking Strokes*

■ Abschlag · *down-stroke*

V Aufstrich · *up-stroke*

Arpeggio – Die Saiten werden nacheinander angeschlagen.
Arpeggio – The strings are plucked one after the other.

Die gleichmäßige und schnelle Folge von Auf- und Abschlägen nennt man Tremolo.

Tremolo – plucking the strings quickly up and down.

ERKLÄRUNG DER NOTENSCHRIFT *Explaining The Written Note*

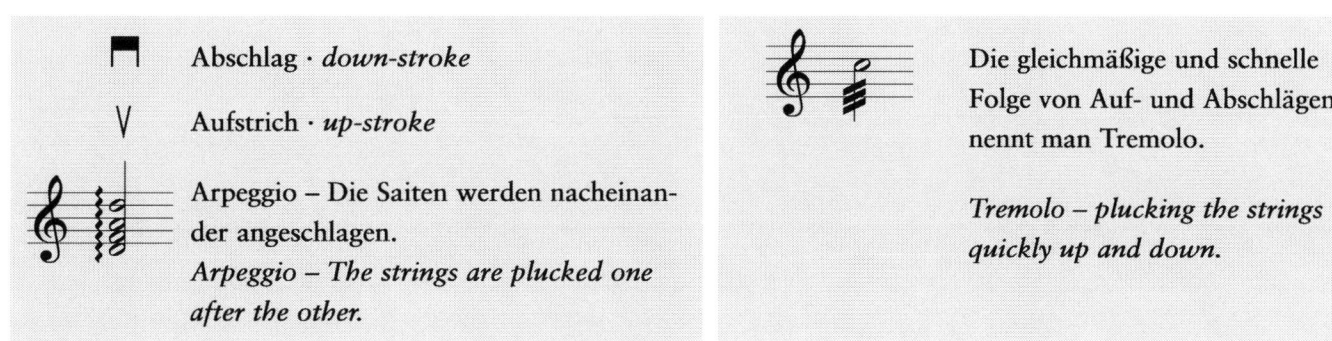

C   D   E   F   G   A   H(B)*   C   D   E   F   G   A   H(B)*   C   D   E

* Amerikan. Schreibweise für H = B, für B = B♭   * *For Americans the H = B, B = B♭*

WERTE VON NOTEN UND PAUSEN *Value Of Notes And Rests*

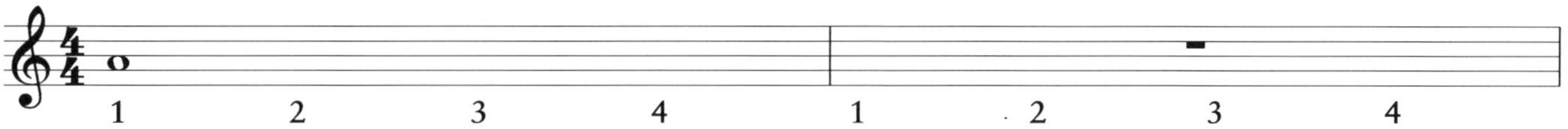

1   2   3   4   1   2   3   4

Ganze Note · *Whole Note (Semibreve)*   Ganze Pause · *Whole Rest*

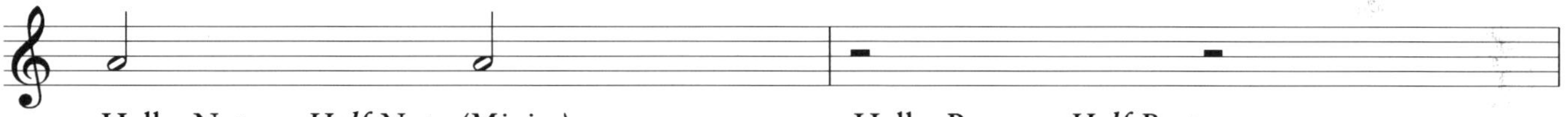

Halbe Noten · *Half Note (Minim)*   Halbe Pausen · *Half Rest*

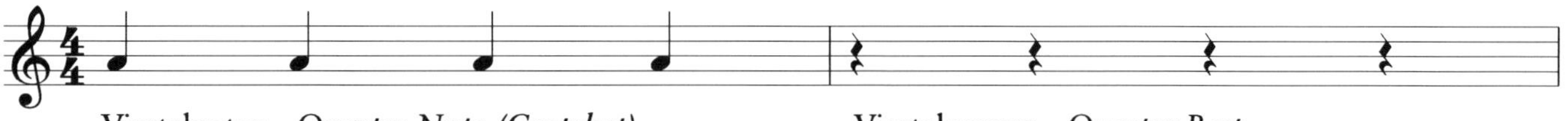

Viertelnoten · *Quarter Note (Crotchet)*   Viertelpausen · *Quarter Rest*

Achtelnoten · *Eighth Note (Quaver)*   Achtelpausen · *Eighth Rest*

Sechzehntelnoten · *Sixteenth Note (Semiquaver)*   Sechzehntelpausen · *Sixteenth Rest*

1   2   3   4   1 + 2 + 3 + 4 +

Ein Punkt hinter einer Note bzw. Pause verlängert deren Wert um die Hälfte.
A dot after a note adds an additional half to the value of that note.

TAKTARTEN *Time Signatures*

4/4 oder/or **C** = Ruhiger Viervierteltakt (Slowfox, Blues)
quiet four-four time (Slowfox, Blues)

¢ = Viervierteltakt, schneller, in halben gezählt
four-four time, faster, in half time (Foxtrot)

2/4 = Zeivierteltakt (Polka)
two-four time (Polka)

3/4 = Dreivierteltakt (Walzer)
three-four time (Waltz)

4/8 = Vierachteltakt (Tango)
four-eight time (Tango)

6/8 = Sechsachteltakt (6/8-Marsch)
six-eight time (March)

ABDÄMPFEN DER SAITEN *Damping Of The Strings*

Beim Akkordspiel werden die klingenden Saiten mit den Fingern der linken Hand auf folgende Weise gedämpft:
Man verringert lediglich den Druck und verhindert dadurch ein Weiterschwingen der Saiten. Die Finger behalten dabei Fühlung mit den Seiten, werden also nicht abgehoben.

Whilst playing chords the sounding strings are damped with the fingers of the left hand as follows:

Only the pressure is reduced and by that the further vibrating of the strings is prevented. The fingers remain in touch with the strings, they are not removed.

AKKORDSYMBOLSCHRIFT
Written Chord Symbols

In der modernen Notenschrift werden Rhythmus-begleitstimmen meist nur mit Buchstabensymbolen bezeichnet, z.B.:

In modern notation the rhythm accompaniment and chord are signified by letter symbols, e.g.:

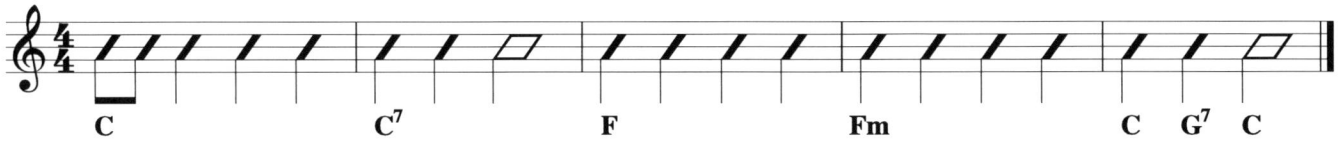

Erklärung *Explanation:*

Diese Notenzeichen bestimmen den Rhythmus.
These markings denote the rhythm.

Diese Buchstaben bezeichnen den gewünschten Akkord.
These letters show the desired chord.

Das Zeichen für Erniedrigung oder Erhöhung einer Grundtonart wird folgendermaßen geschrieben, z.B.:
E♭ = Es-Dur, G♯ = Gis-Dur.

The symbol for lowering or raising of a basic key is written as shown:
E♭ = E-Flat, G♯ = G-Sharp.

ERKLÄRUNG WICHTIGER AKKORDBEZEICHNUNGEN
Explanation Of Important Chord Markings

	F	Durdreiklang *Major Triad*	Grundton, große Terz, reine Quinte *root, major third, perfect fifth*
	**Fm**	Molldreiklang *Minor Triad*	Grundton, kleine Terz, reine Quinte *root, minor third, perfect fifth*
	**F+**	Übermäßiger Dreiklang *Augmented Triad*	Grundton, große Terz, erhöhte Quinte *root, major third, augmented fifth*
	F7	Dominant-Septimen-Akkord *Dominant Seventh Chord*	Grundton, gr. Terz, reine Quinte, kl. Septime *root, major third, perfect fifth,* *diminished seventh*
	F6	Durdreiklang mit Sexte *Major Triad with sixth*	
	F°	verminderter Dominant-Sept-Akkord *diminished Dominant Seventh Chord*	
	Fj7	Durdreiklang mit großer Septime *Major Triad with augmented seventh*	

ITALIENISCHE TONBEZEICHNUNG *Tonic Solfa Notation*

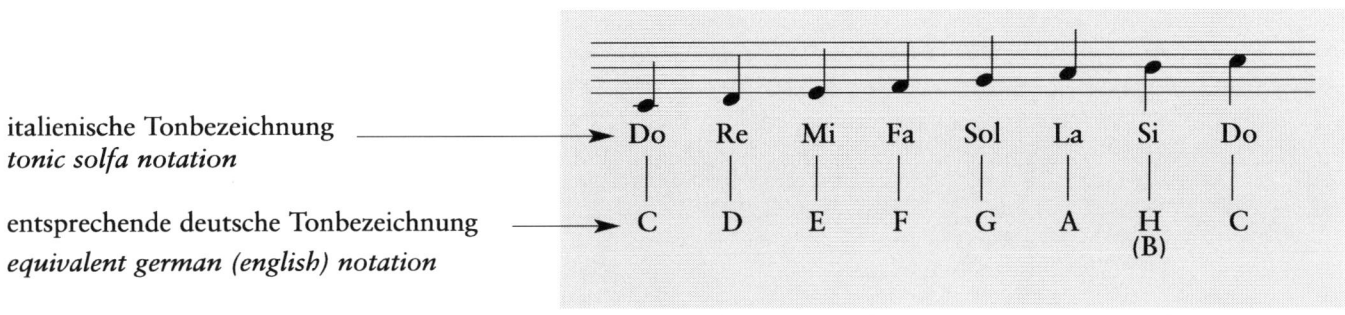

italienische Tonbezeichnung
tonic solfa notation

Do   Re   Mi   Fa   Sol   La   Si   Do

entsprechende deutsche Tonbezeichnung
equivalent german (english) notation

C   D   E   F   G   A   H   C
(B)

AKKORDE MIT LEEREN SAITEN
Chords With Open Strings

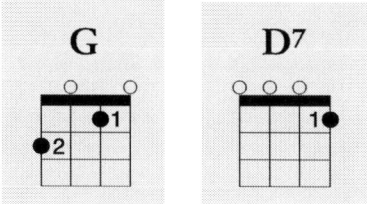

ÜBUNG IM 4/4 TAKT *Exercise In 4/4 Time*

Bei Takt 1–3 werden alle 4 Viertel mit Abschlag (⊓) angeschlagen. Im 4. Takt wird nur das <u>1.</u> Viertel gespielt.

At bars 1–3 all 4 crotchets are plucked with a down-stroke (⊓). In the 4th bar only the 1st crotchet is played.

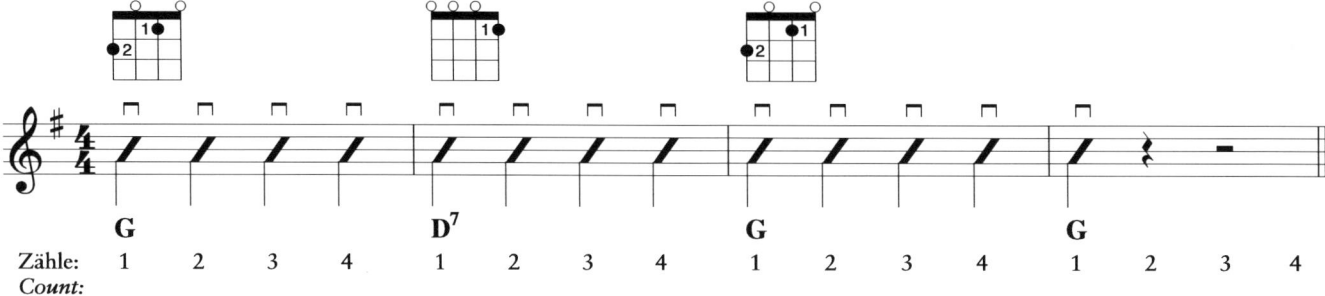

ÜBUNG IM 3/4 TAKT *Exercise In 3/4 Time*

Bei Takt 1–3 werden alle Viertel mit Abschlag gespielt. Bei Takt 4 werden nur die ersten beiden Viertel angeschlagen. Auf das 3. Viertel ist Pause.

At bars 1–3 all crotchets are played by a down-stroke. At the 4th bar only the 2 first chrotchets are plucked, the 3rd one is a rest.

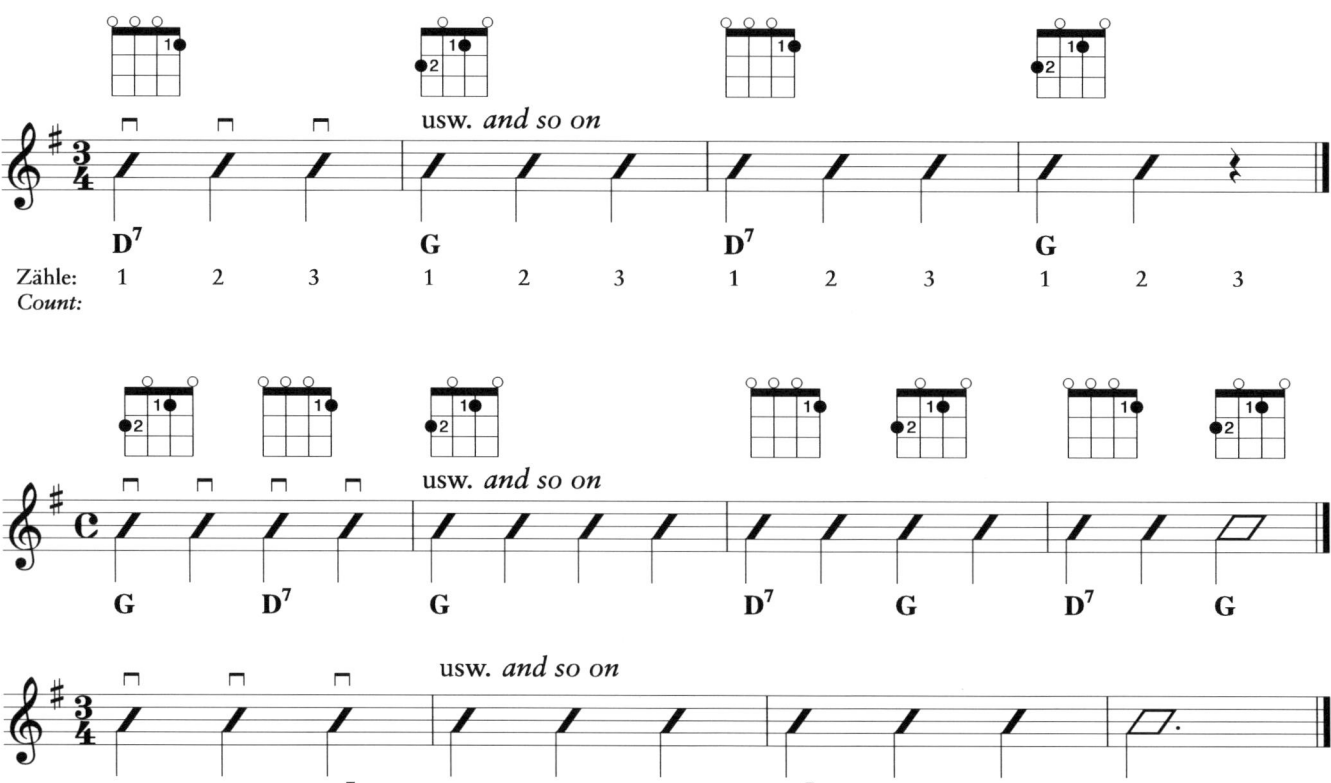

D-Dur
D-Major

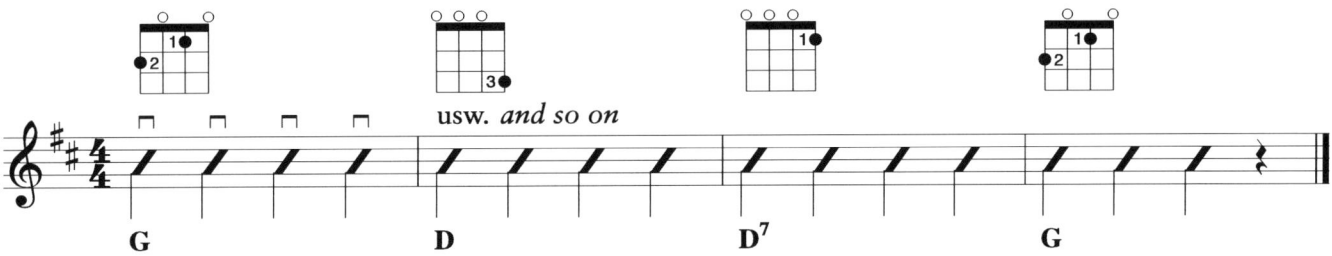

usw. *and so on*

G   D   D⁷   G

Übe diese Takte auch mit Aufstrich: VVVV usw.

Practise these with a down-stroke, and then repeat with an up-stroke.

A-Dur
A-Major

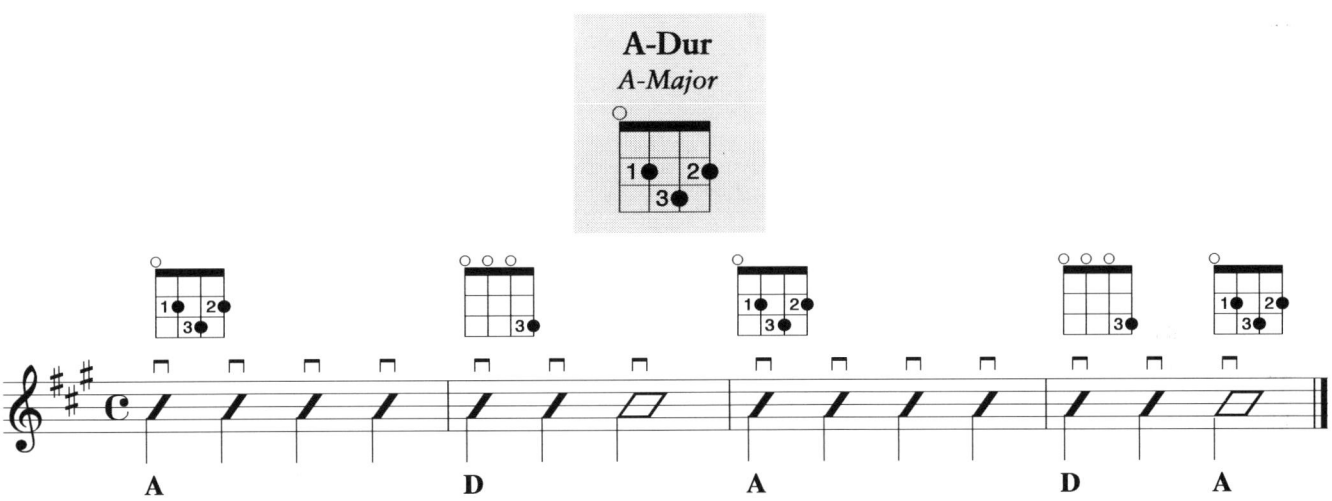

A   D   A   D   A

Im 2. und 4. Takt soll die halbe Note lang klingen. Die Greiffinger der linken Hand bleiben also auch während des 4. Viertels fest auf dem Griffbrett liegen.

In the 2nd and 4th bar, the minim (half note) should be held a long time. The fingers of the left hand are kept firmly on the fingerboard also during the 4th crotchet.

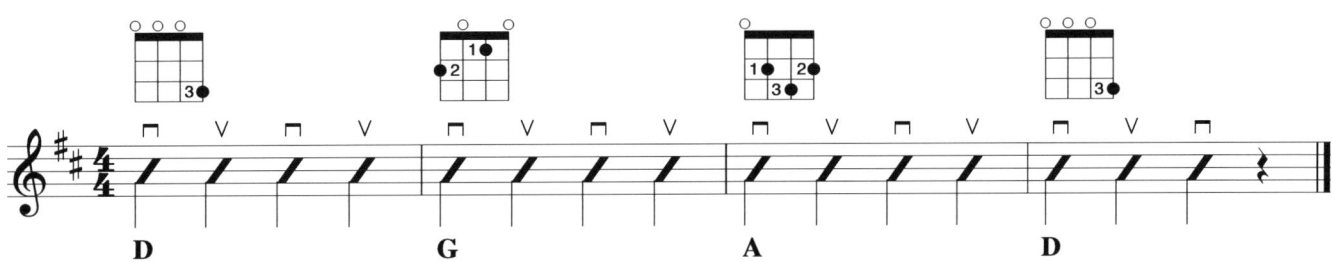

D   G   A   D

Die Viertel werden abwechselnd mit Auf- und Abstrich angeschlagen (Wechselschlag).

The crotchets are plucked alternately with an up and down-stroke.

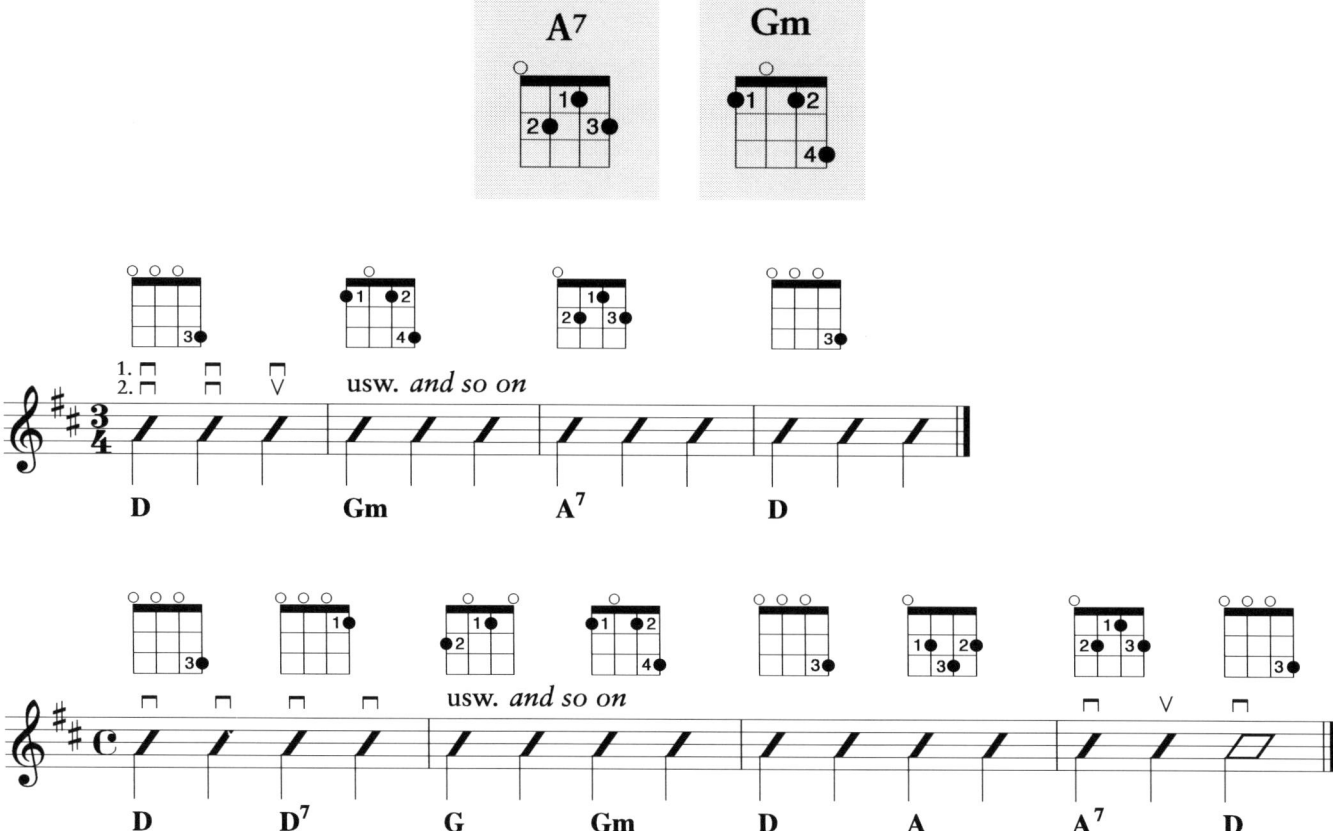

Um das Akkordspiel farbiger zu gestalten, kann man die einzelnen Schläge kurz oder lang klingen lassen.

To make the playing of the chords more varied each stroke may be played and damped immediately, or left to sound.

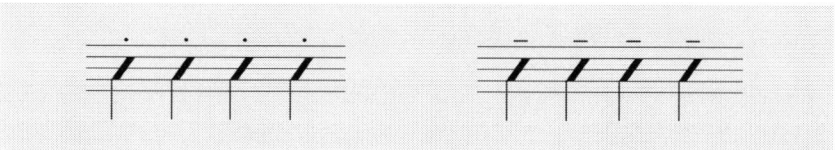

Die Punkte bedeuten nur kurz klingen lassen. Die Greiffinger verringern sofort nach dem Anschlag den Druck und verhindern dadurch ein Weiterklingen der Saiten.

The dots mean only short notes. The holding fingers reduce the pressure immediately after the plucking and thus prevent further sounding of the strings.

Die Querstriche bedeuten lang klingende Viertel. Die Greiffinger drücken möglichst lange die Saiten nieder.

The dashes mean long sounding or undamped crotchets. The holding fingers press down the strings for as long as possible.

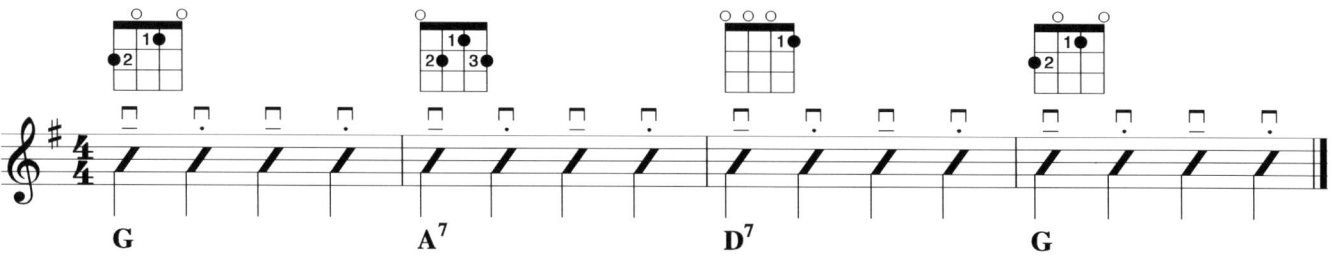

GOOD NIGHT LADIES

Traditional

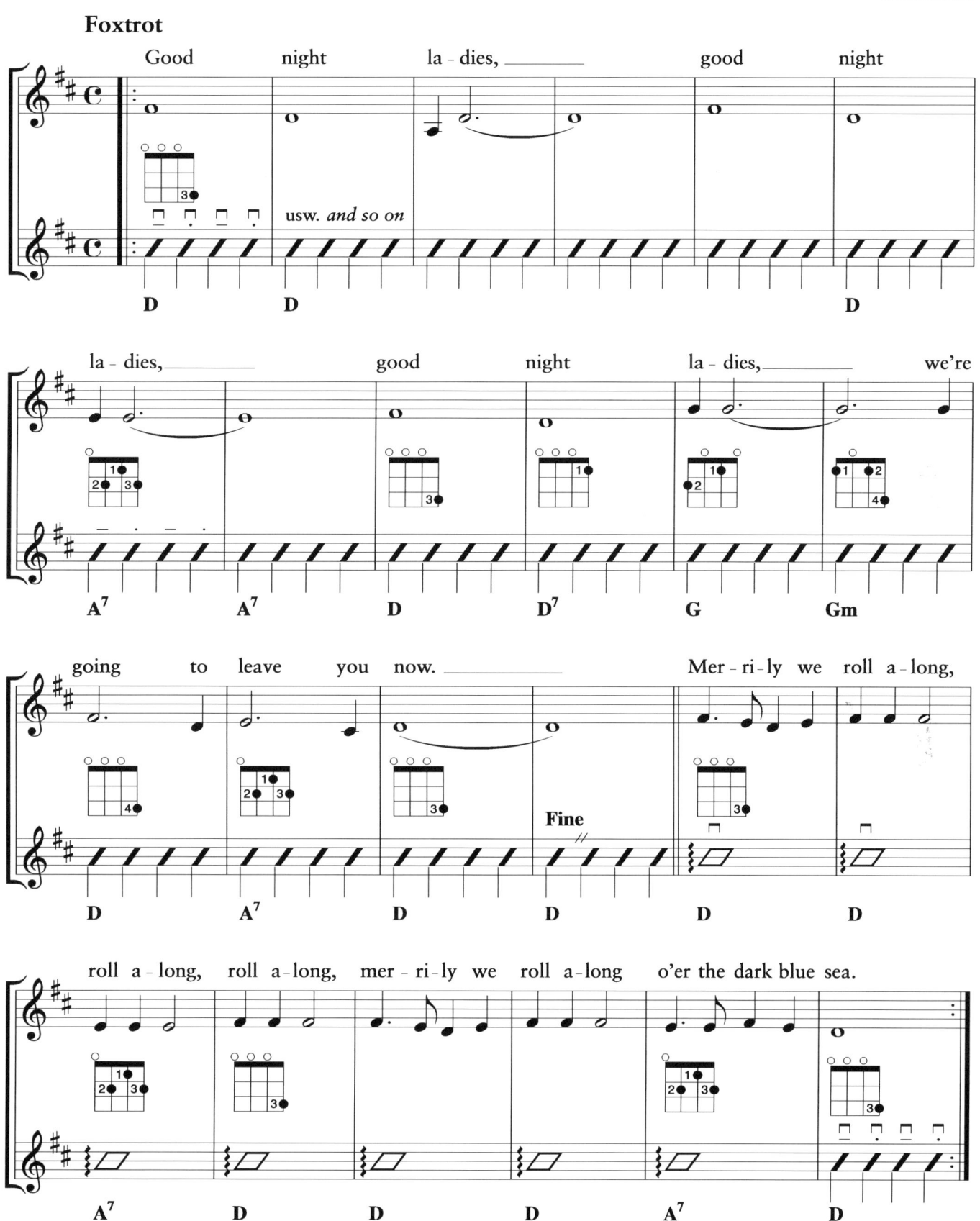

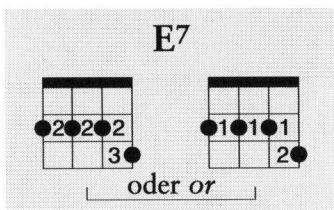

E⁷

oder *or*

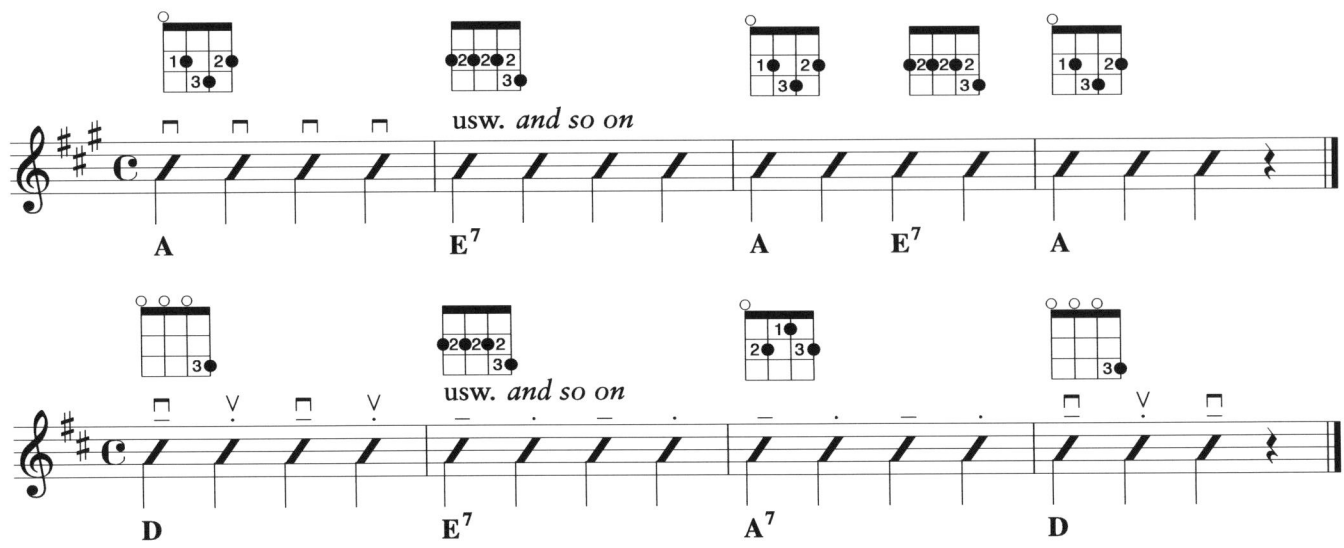

A E⁷ A E⁷ A

D E⁷ A⁷ D

ACHTELNOTEN *Eighth Notes (Quavers)*

| zähle: | 1 | 2 und | 3 | 4 und | 1 + | 2 + | 3 | 4 |
| count: | 1 | 2 and | 3 | 4 and | 1 + | 2 + | 3 | 4 |

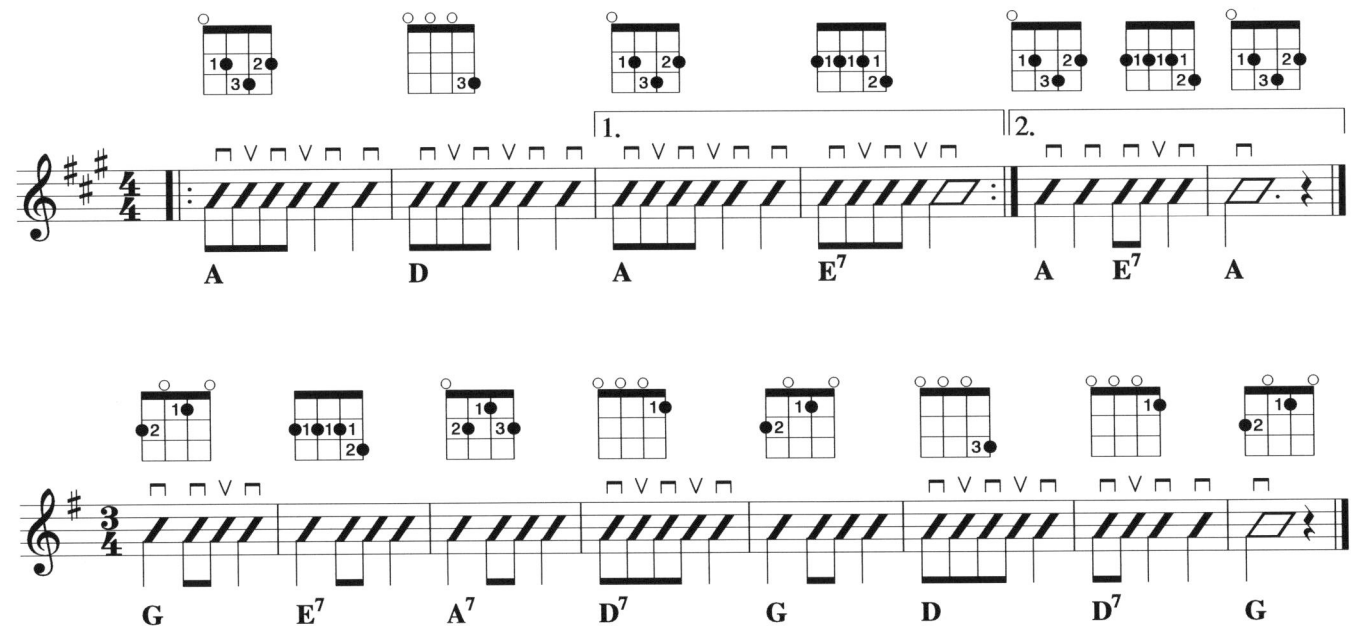

A D A E⁷ A E⁷ A

G E⁷ A⁷ D⁷ G D D⁷ G

SUR LE PONT D'AVIGNON

Traditional

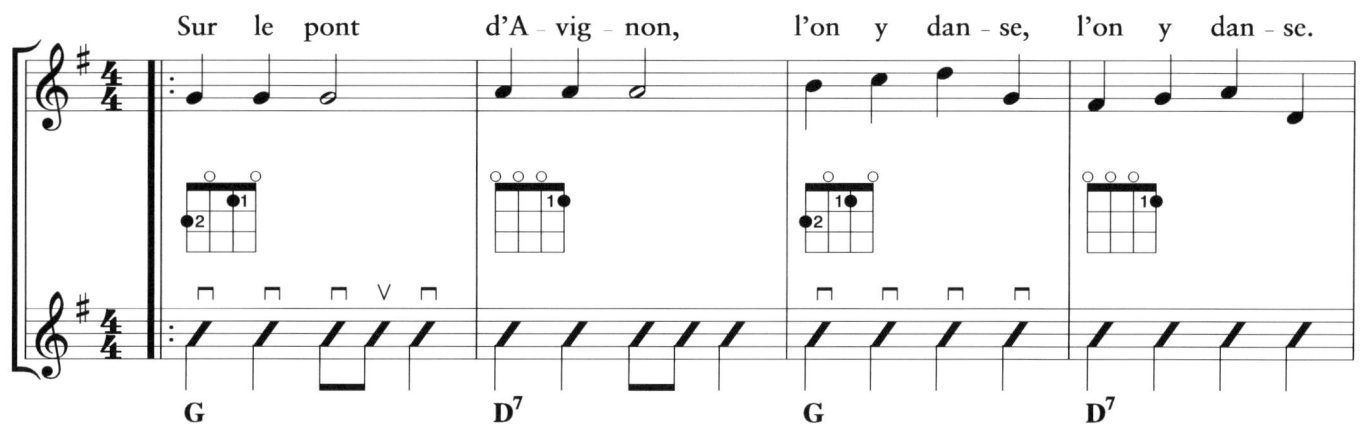

Sur le pont d'A – vig – non, l'on y dan – se, l'on y dan – se.

G   D⁷   G   D⁷

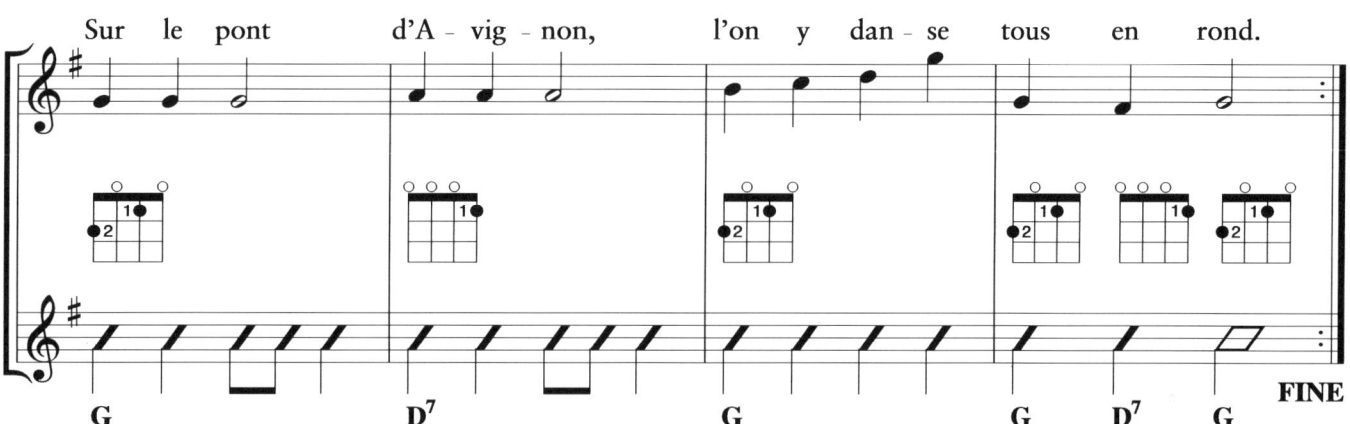

Sur le pont d'A – vig – non, l'on y dan – se tous en rond.

G   D⁷   G   G D⁷ G   **FINE**

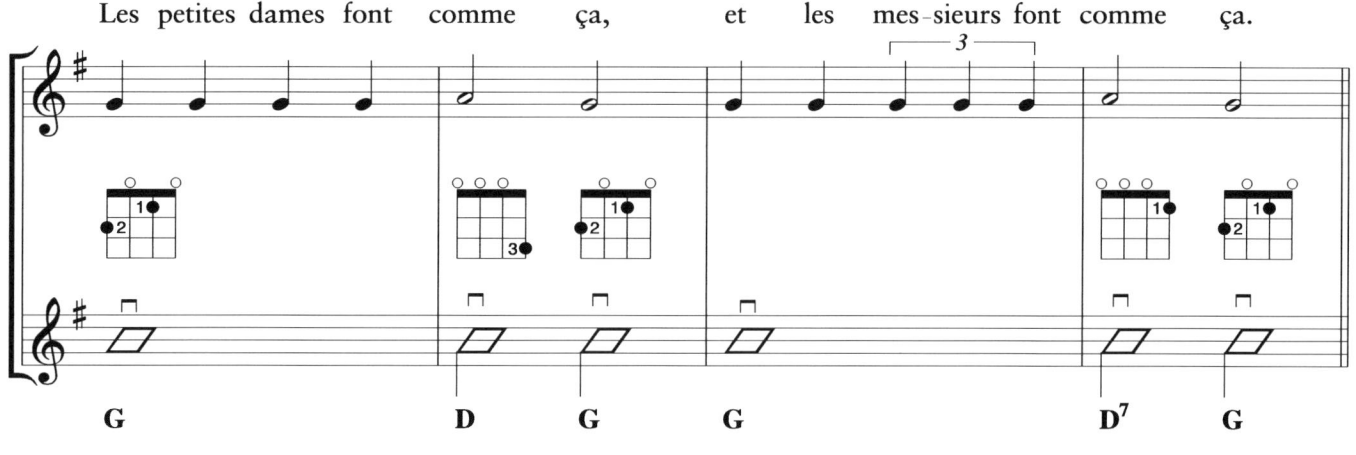

Les petites dames font comme ça, et les mes–sieurs font comme ça.

G   D G   G   D⁷ G

Da Capo al Fine

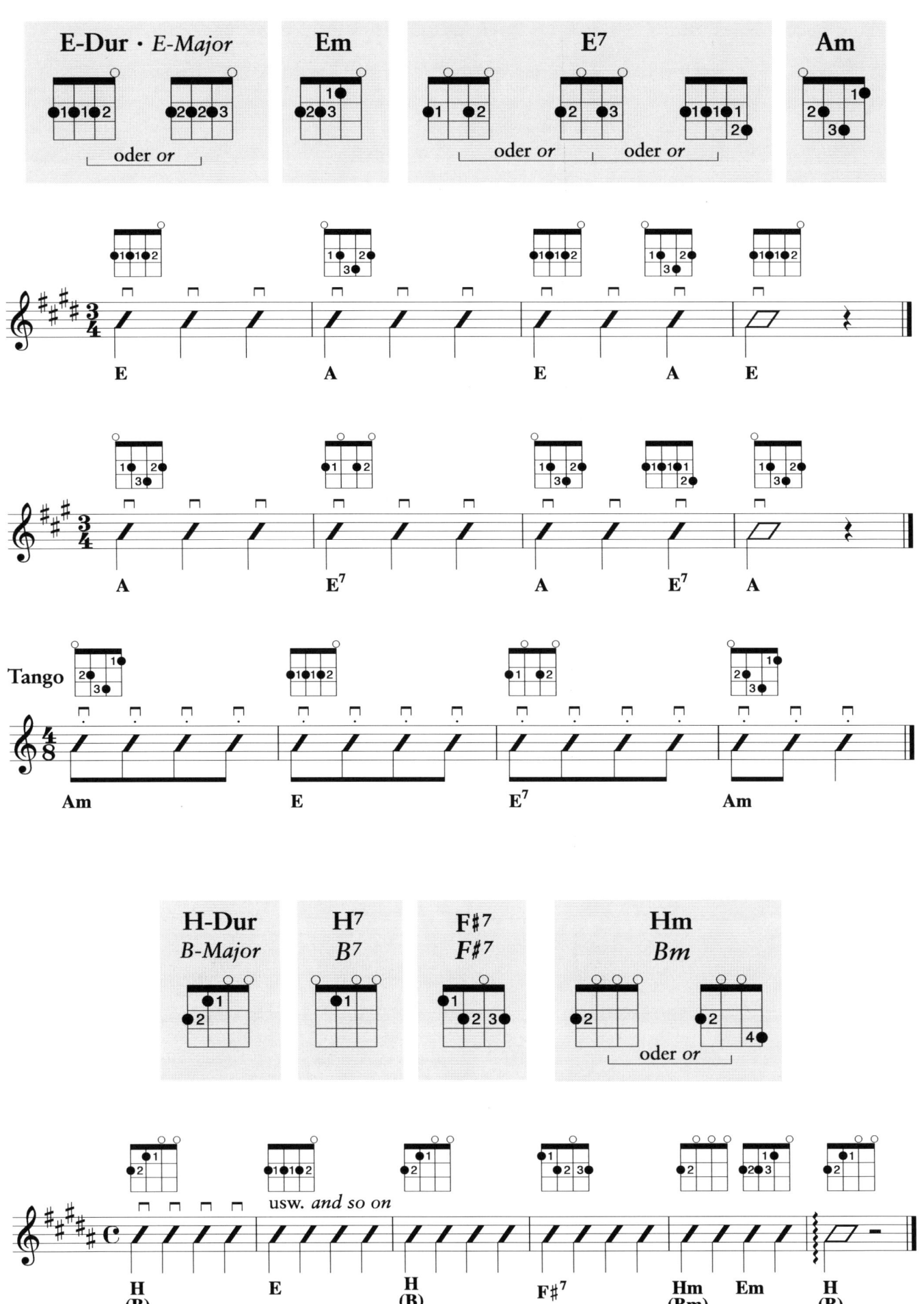

Akkordgrifftabelle in chromatischer Folge
Chordfingering Table In Chromatic Sequence

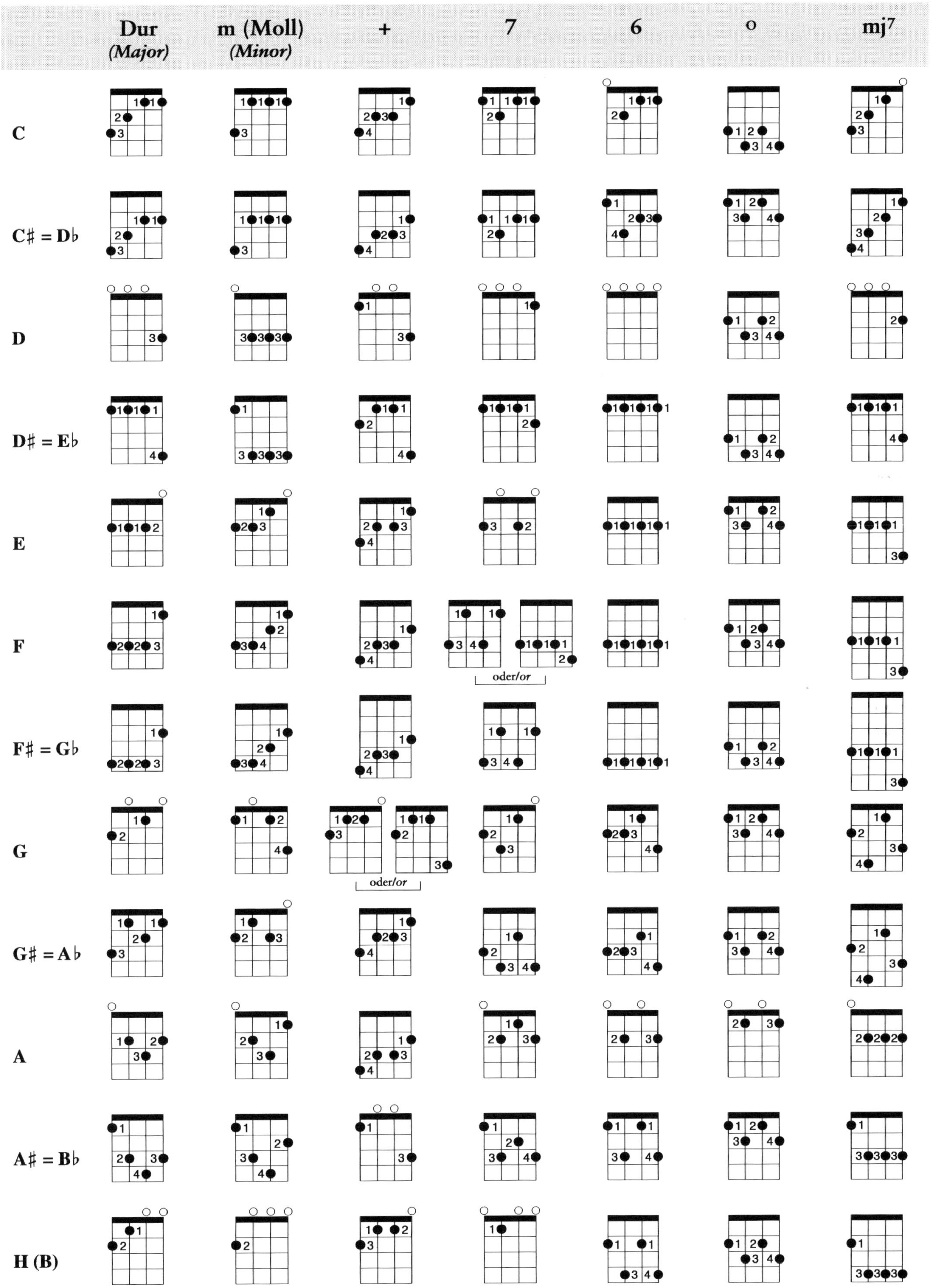
Dur (Major)
m (Moll) (Minor)
+
7
6
o
mj7
C
C♯ = D♭
D
D♯ = E♭
E
F
oder/or
F♯ = G♭
G
oder/or
G♯ = A♭
A
A♯ = B♭
H (B)

KLEINE KADENZFOLGE IN DUR UND MOLL
Short Sequence Of Chords In Major And Minor

Dur *(Major)*	**Moll** *(Minor)*

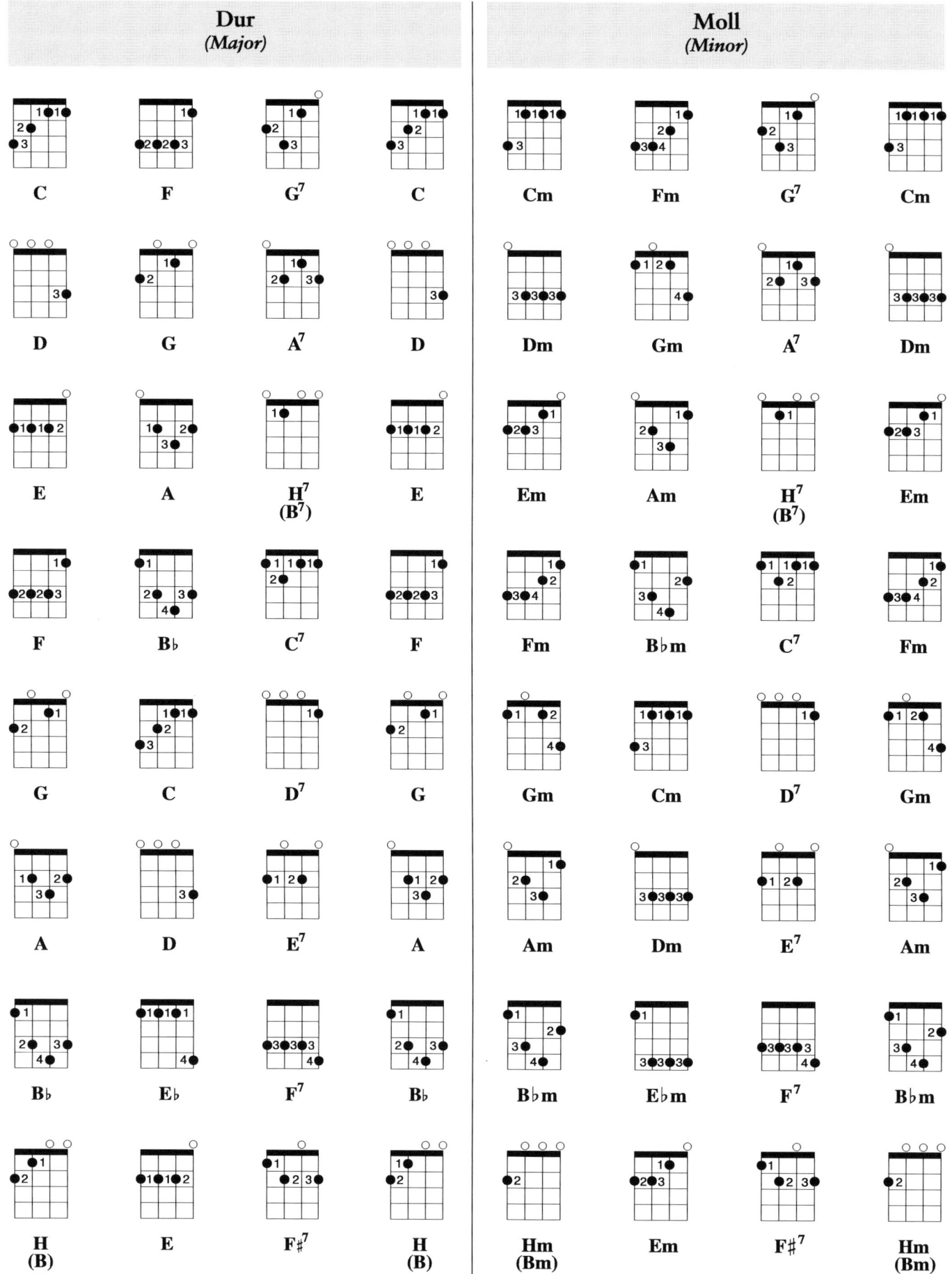

Dur (Major):

C — F — G⁷ — C

D — G — A⁷ — D

E — A — H⁷ (B⁷) — E

F — B♭ — C⁷ — F

G — C — D⁷ — G

A — D — E⁷ — A

B♭ — E♭ — F⁷ — B♭

H (B) — E — F♯⁷ — H (B)

Moll (Minor):

Cm — Fm — G⁷ — Cm

Dm — Gm — A⁷ — Dm

Em — Am — H⁷ (B⁷) — Em

Fm — B♭m — C⁷ — Fm

Gm — Cm — D⁷ — Gm

Am — Dm — E⁷ — Am

B♭m — E♭m — F⁷ — B♭m

Hm (Bm) — Em — F♯⁷ — Hm (Bm)

PUNKTIERTE ACHTELNOTE *Dotted Eighths Notes (Quavers)*

Die Note nach der punktierten Achtel hat den Wert eins Sechzehntels.

The note after the dotted eighth note has only the value of a sixteenth note (semiquaver).

Aloha Oe

Queen Liliuokalani aus Hawaii

18

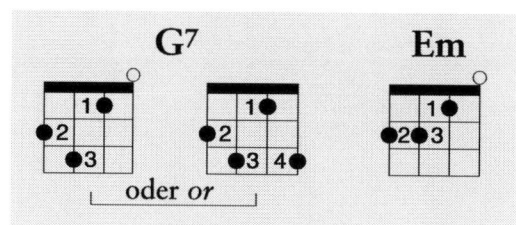

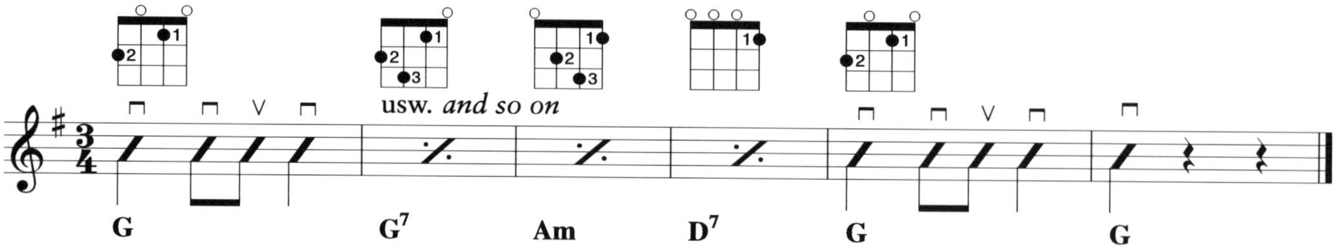

G7
Em
oder or

usw. and so on
G
G7
Am
D7
G
G

Polka

G
Em
Am
D7
G
H7
E7
A7
D7 G

Rumba

G
D7
G
G

Rumba

Em
Am
H7 (B7)
Em
E7
Am
D7
G
Am
H7 (B7)
Em
Em

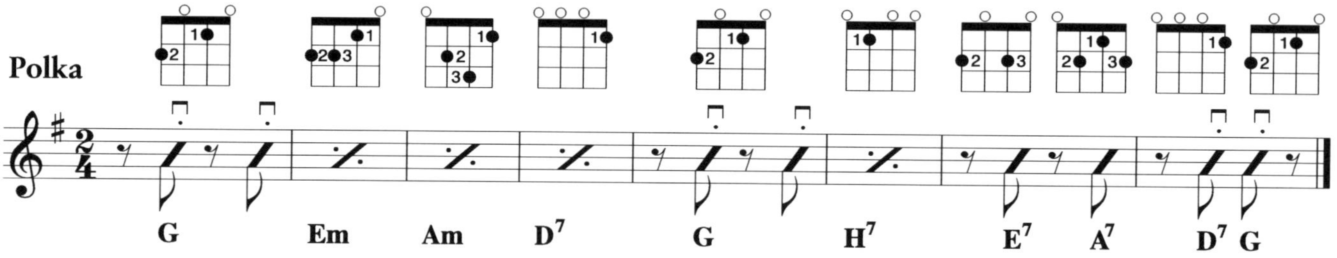

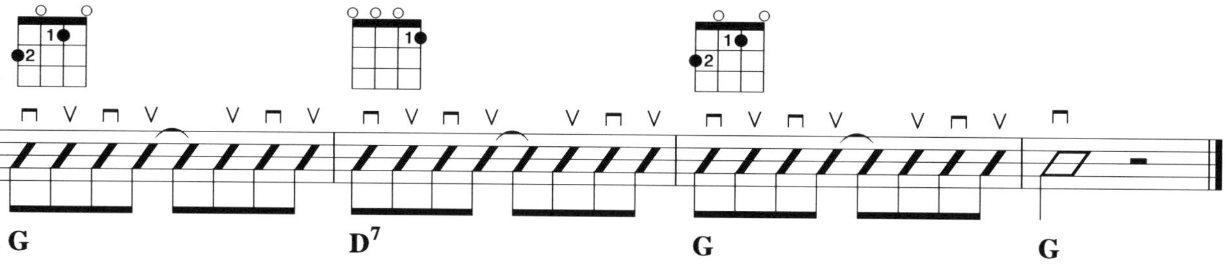

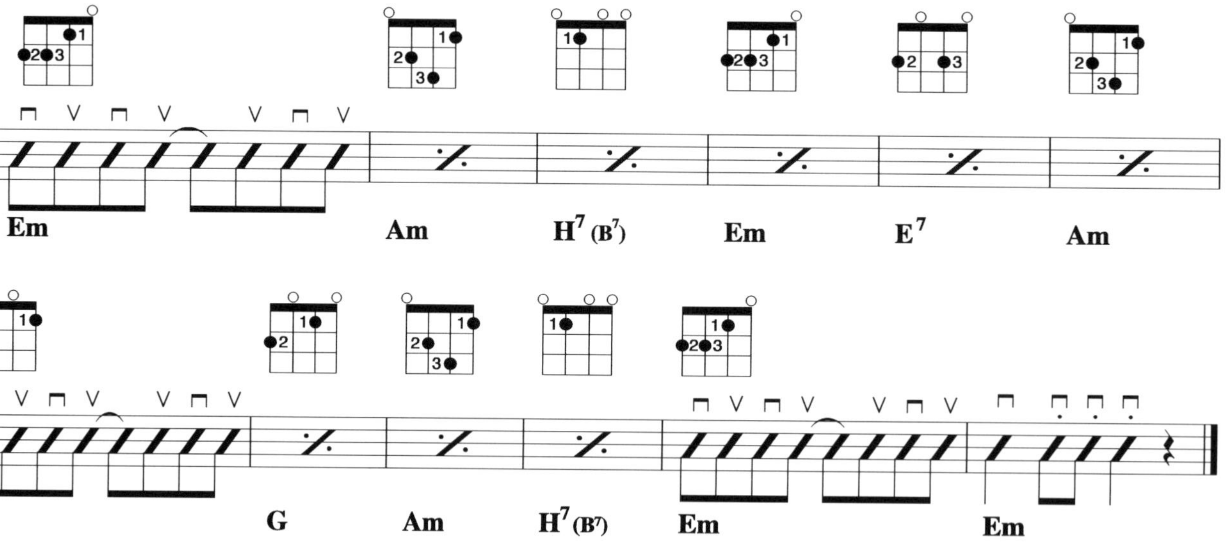

Akkorde ohne leere Saiten

Chords Without Open Strings

C-Dur
C-Major
Cm
Am

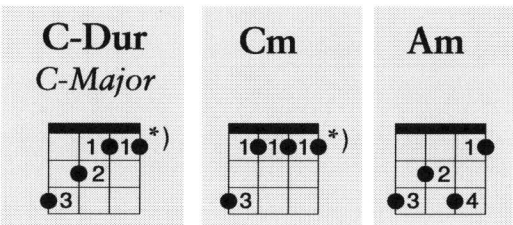

*) Wird ein Finger über 2 oder mehrere Saiten gelegt, nennt man das Barrégriff.

*) *If a finger is placed over 2 or more strings, this is called bar fingering.*

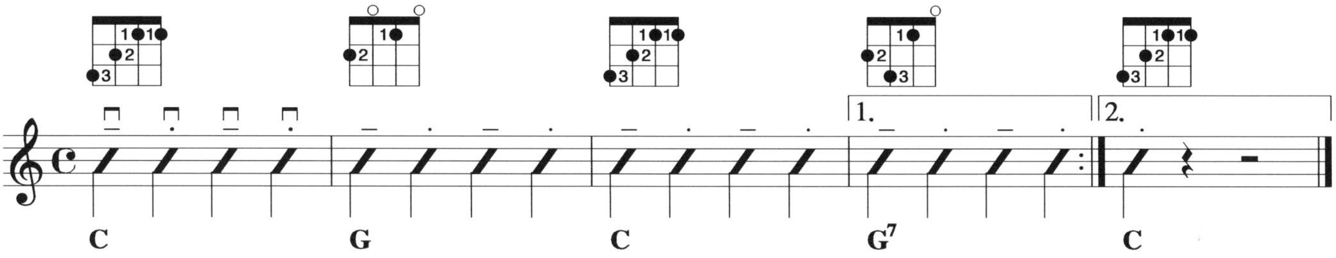

1.
2.
C G C G7 C

Tango

usw. and so on
C G C G7 C Cm G G7 C

Foxtrot

G G7 C Cm G D7 G G

English Waltz

C Am G7 C

Am Dm E7 Am

usw. and so on
C Dm G7 C Am Dm G7 C

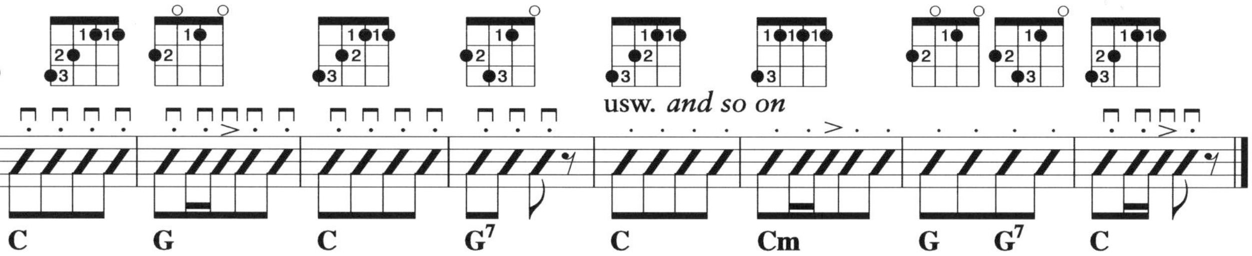

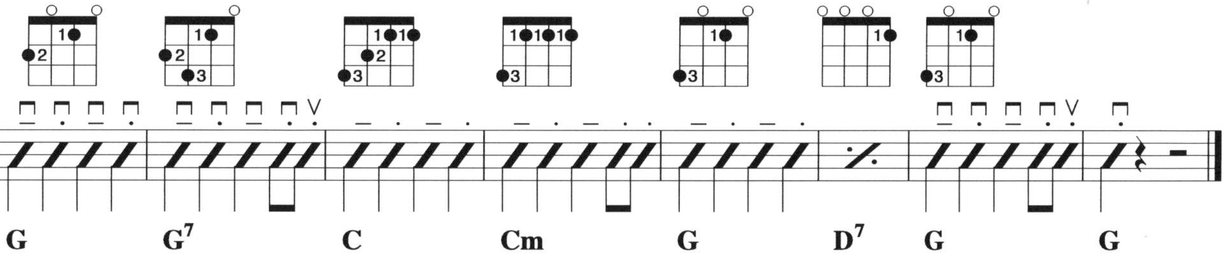

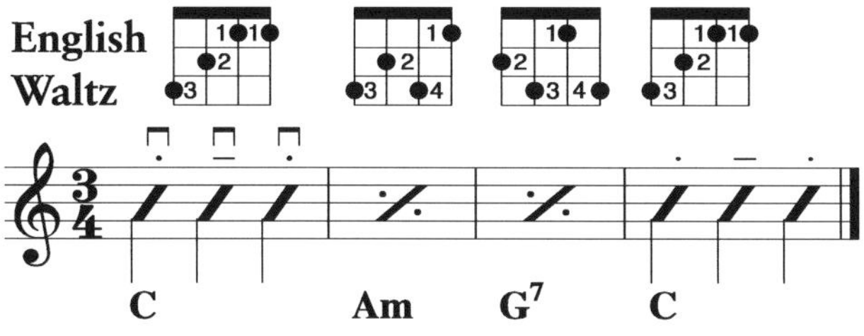

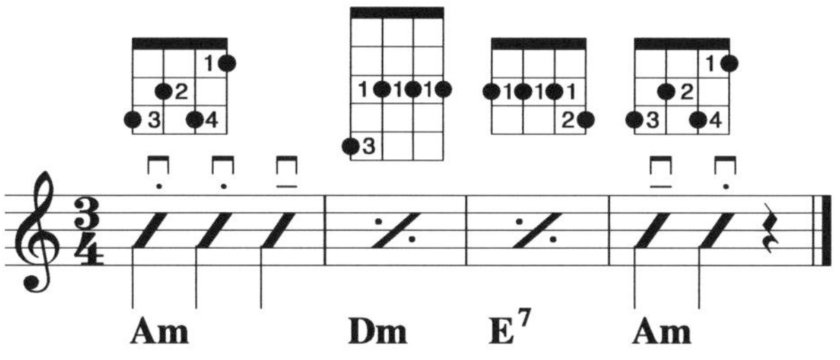

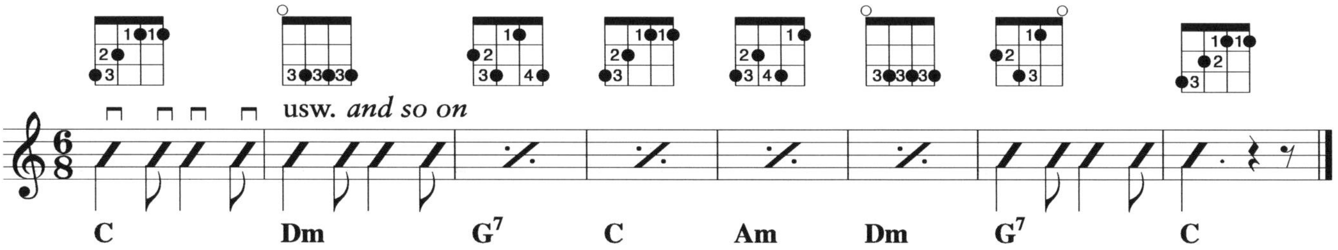

When The Saints Go Marching In

Traditional

Jingle Bells

James Pierpont

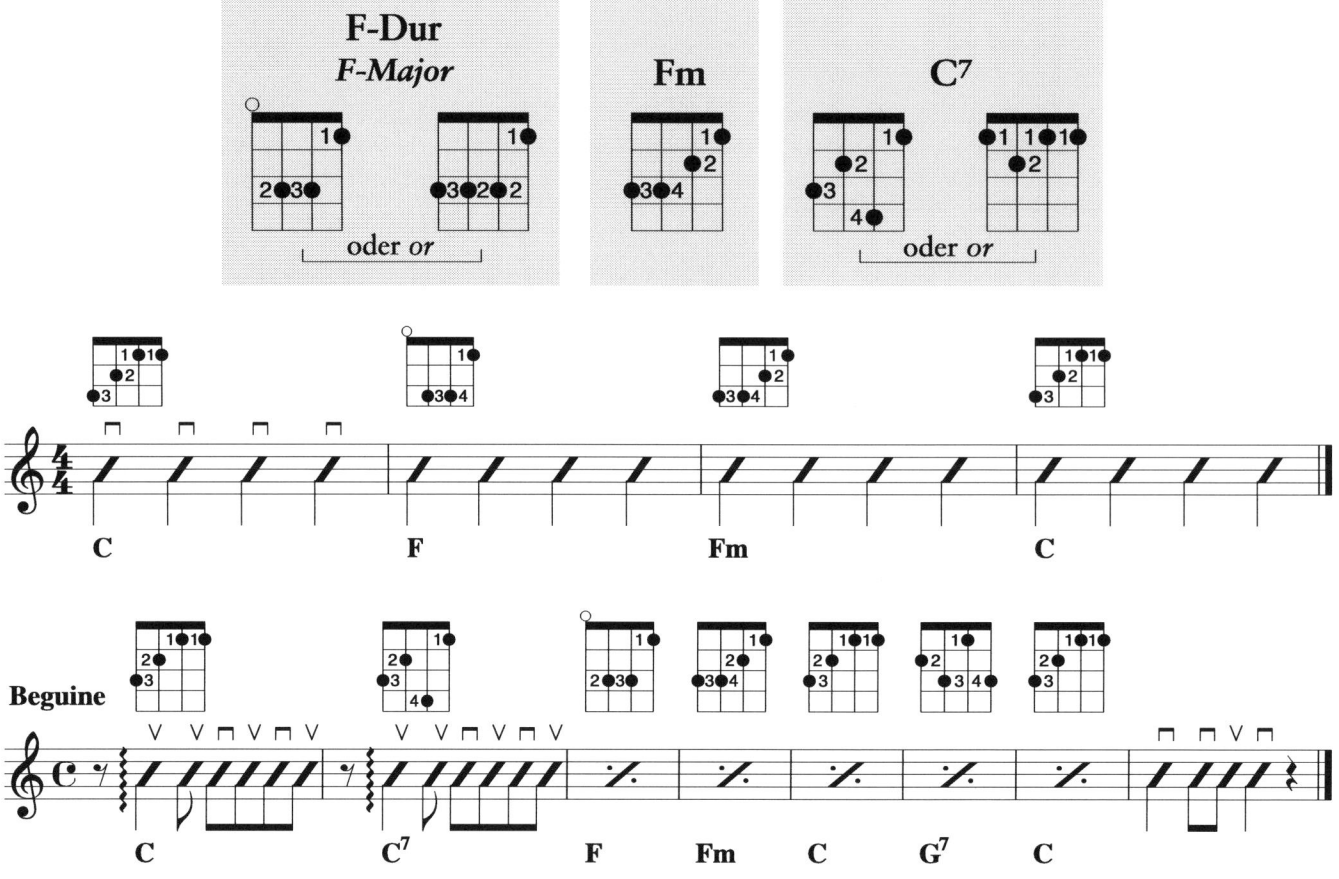

VERRÜCKEN DER AKKORDE *Transposing Of Chords*

Alle Akkorde ohne leere Saiten können bei nicht ver-
ändertem Fingersatz in chromatischer Folge (durch
Rücken um einen Bund) wie folgt gespielt werden:

*All chords without open strings can be played by
unchanged fingering in chromatic sequence (by moving
one fret) as follows:*

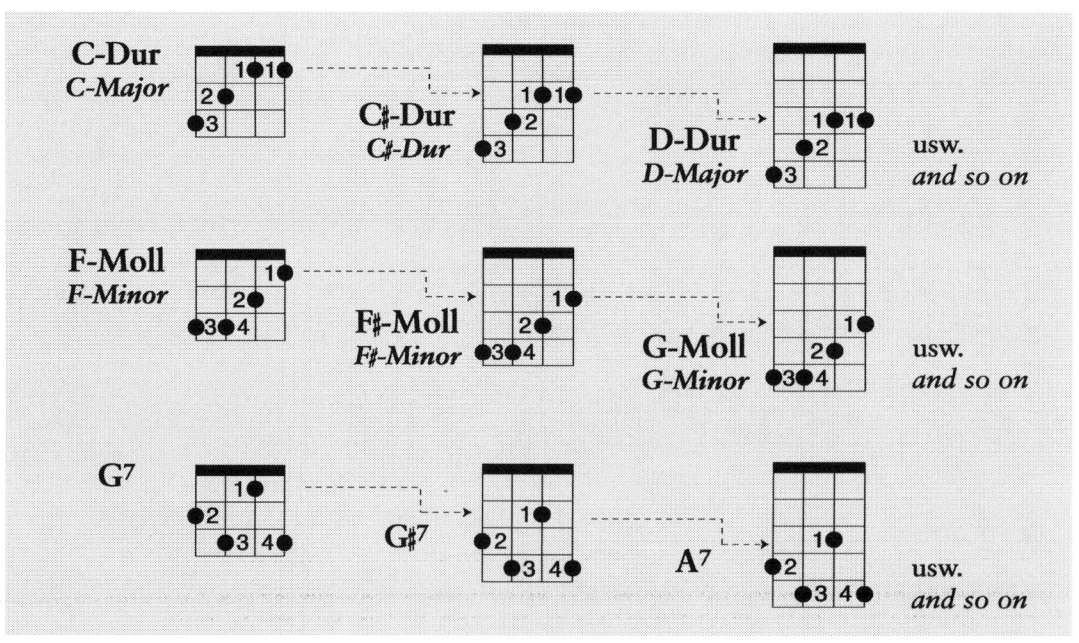

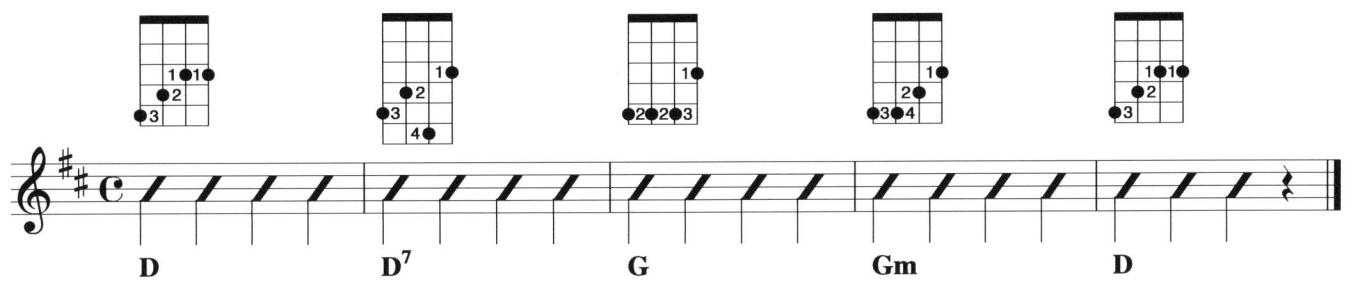

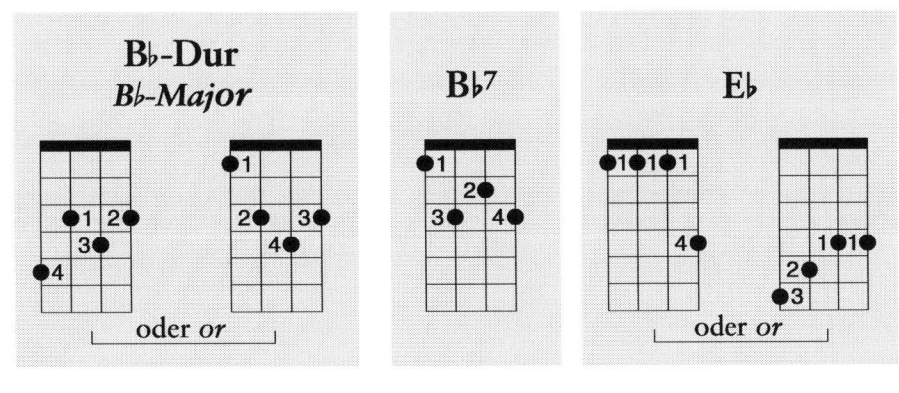

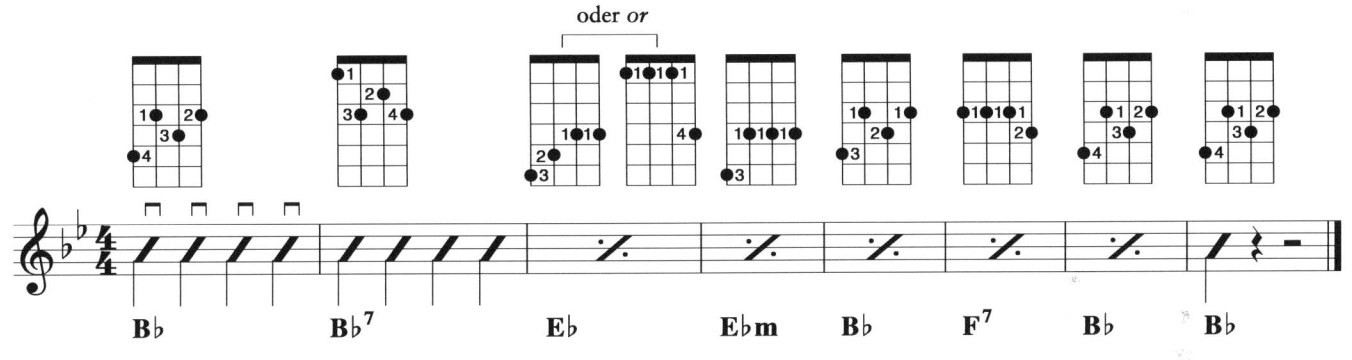

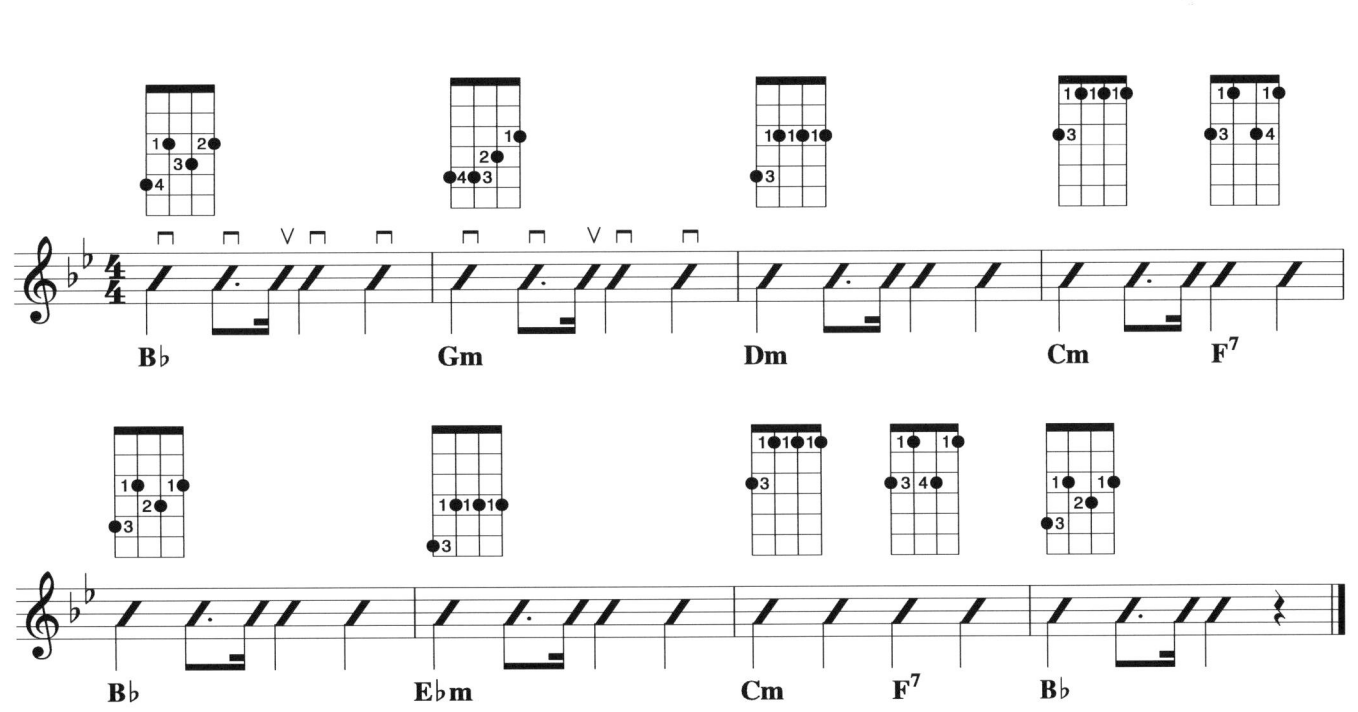

DIE TRIOLE *The Triplet*

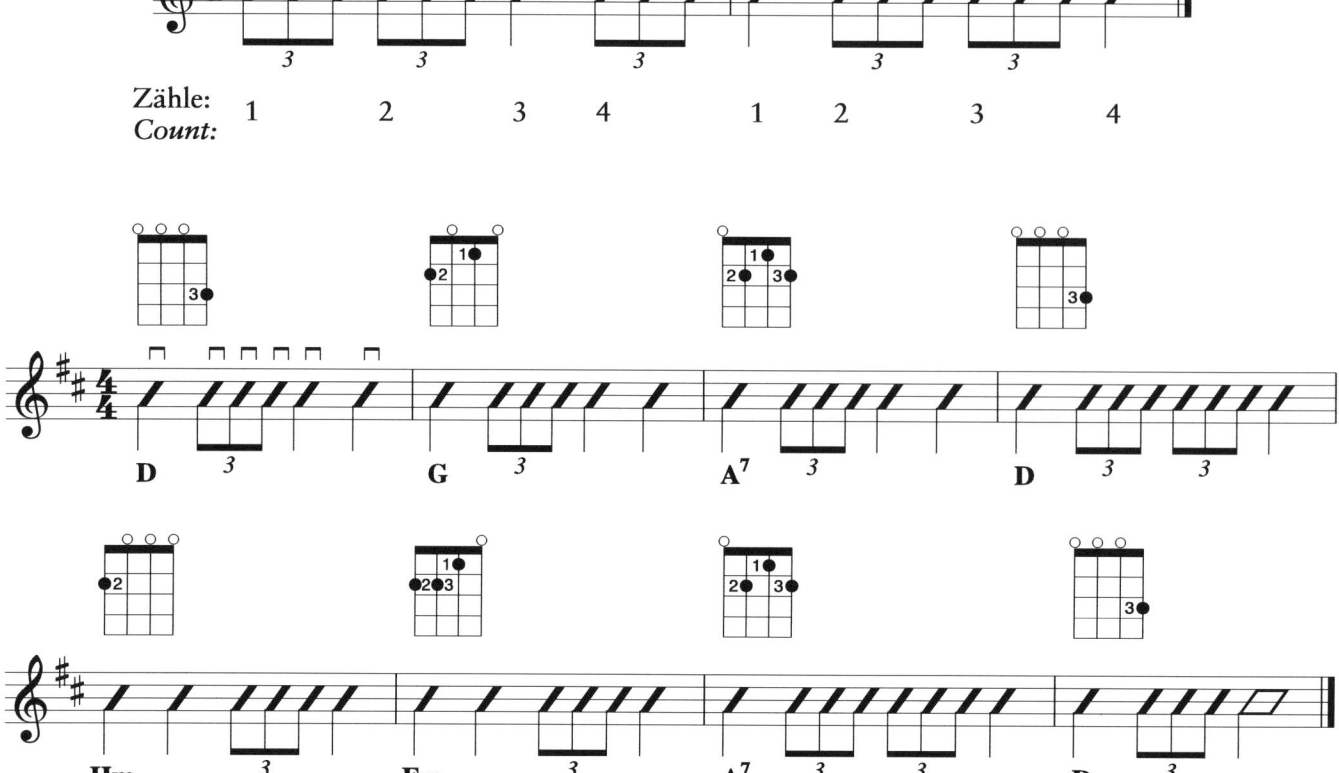

Zähle: 1   2   3   4   1   2   3   4
Count:

DURAKKORD MIT ERHÖHTER QUINTE

Major Chord with augmented fifth

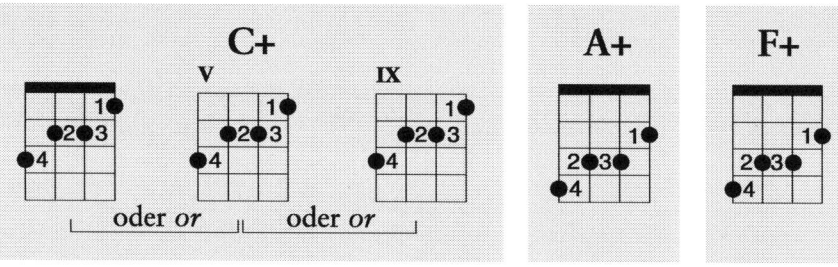

VERMINDERTER DOMINANT-SEPT-AKKORD

Diminished Seventh Chord

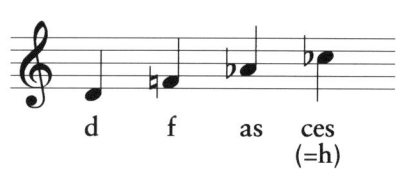

d   f   as   ces
          (=h)

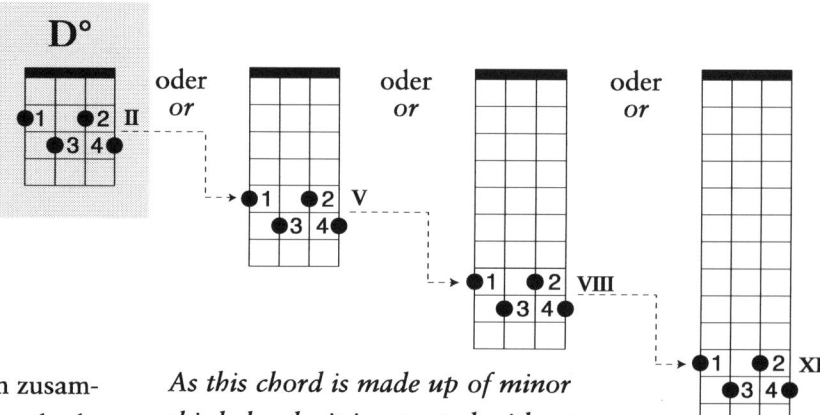

Da sich der Akkord aus lauter kleinen Terzen zusammensetzt, wiederholt er sich ohne Fingersatzwechsel auf jedem 3. Bund.

As this chord is made up of minor third chords, it is repeated without any change of fingering on every 3rd fret.

Dieser Akkord kann also heißen: *This Chord can also be called:*

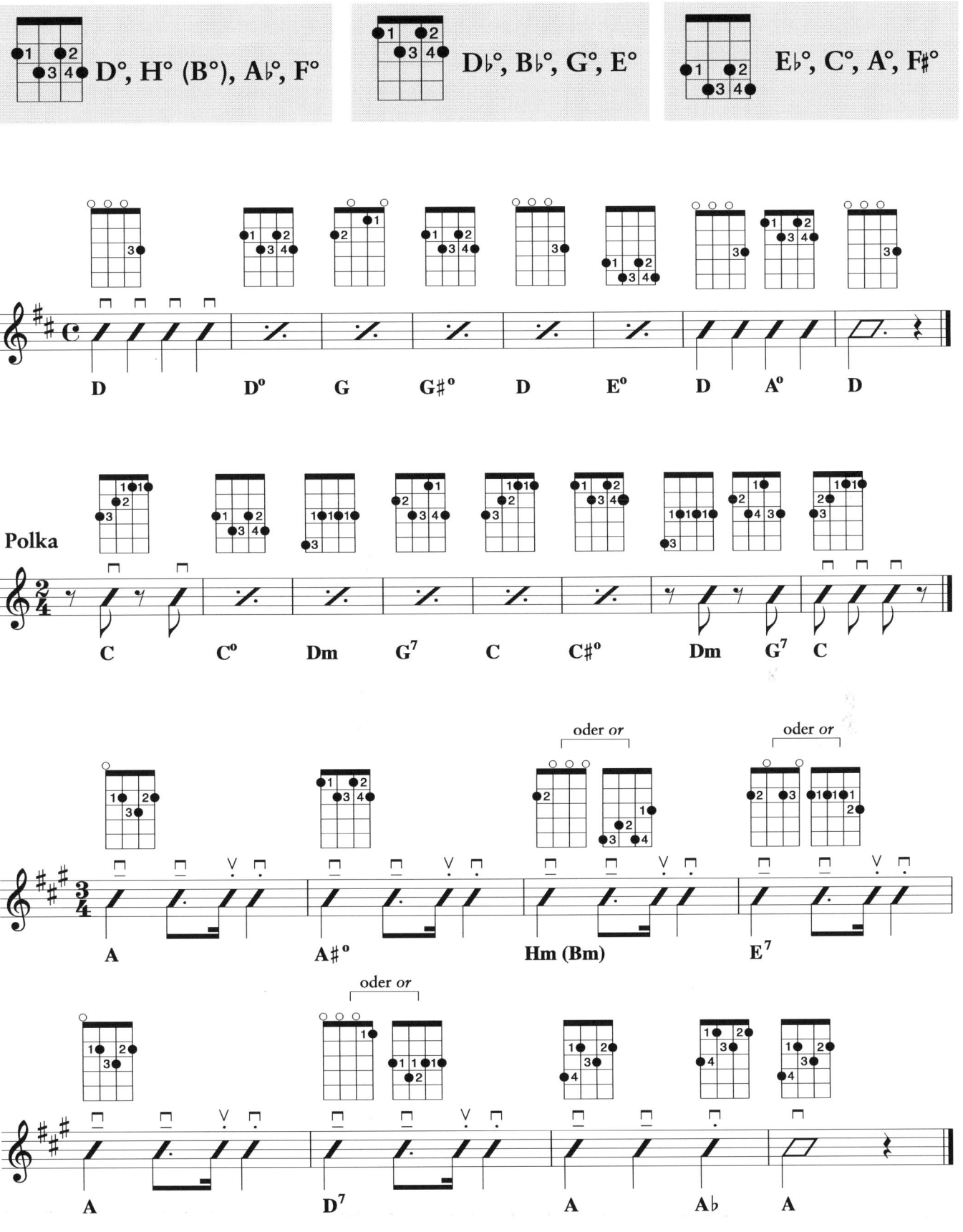

D°, H° (B°), A♭°, F°

D♭°, B♭°, G°, E°

E♭°, C°, A°, F#°

D   D°   G   G#°   D   E°   D   A°   D

Polka

C   C°   Dm   G⁷   C   C#°   Dm   G⁷   C

oder or   *oder or*

A   A#°   Hm (Bm)   E⁷

oder or

A   D⁷   A   A♭   A

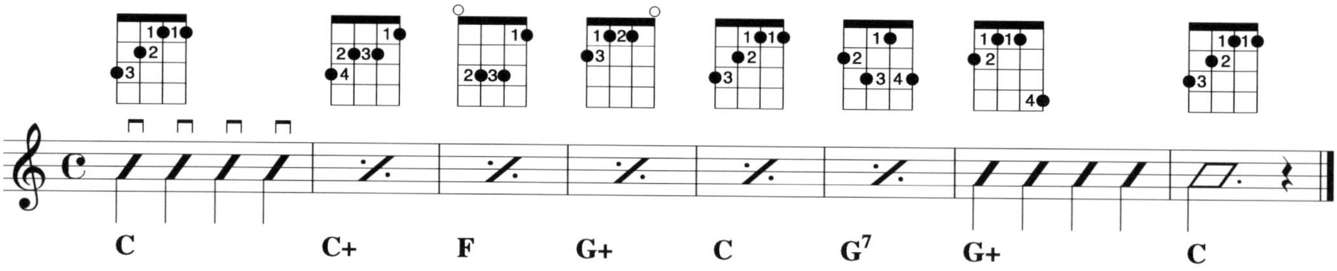

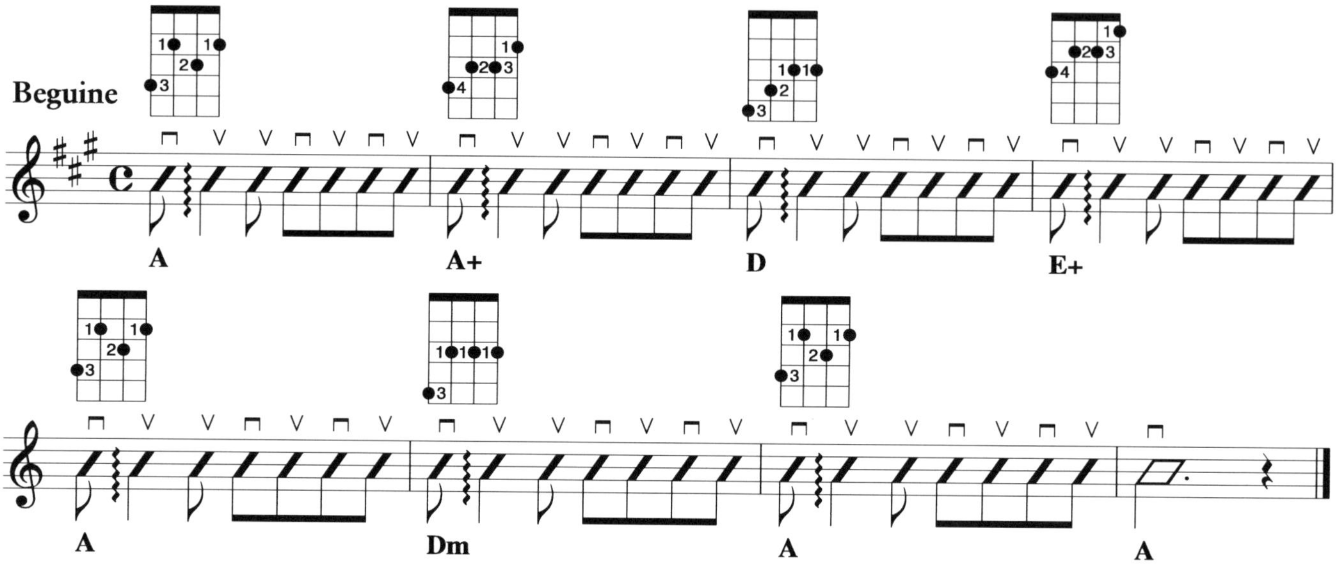

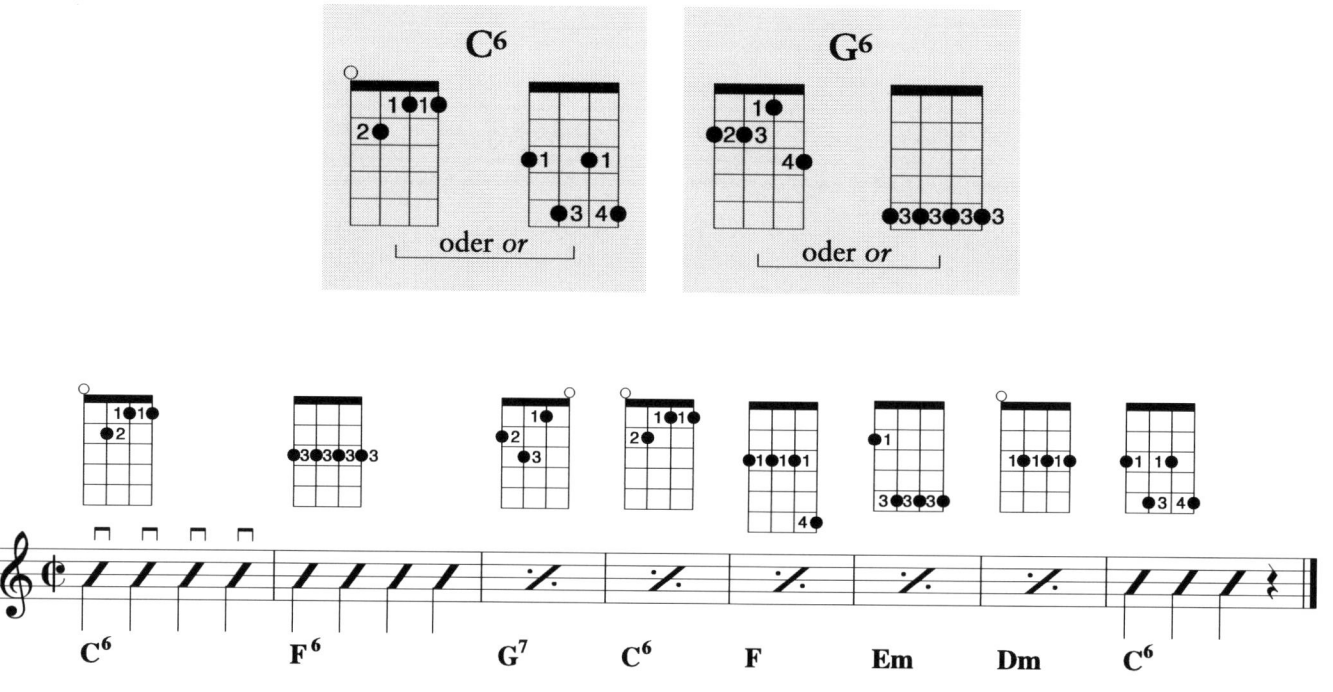

DURSEXTAKKORD *Major Sixth Chord*

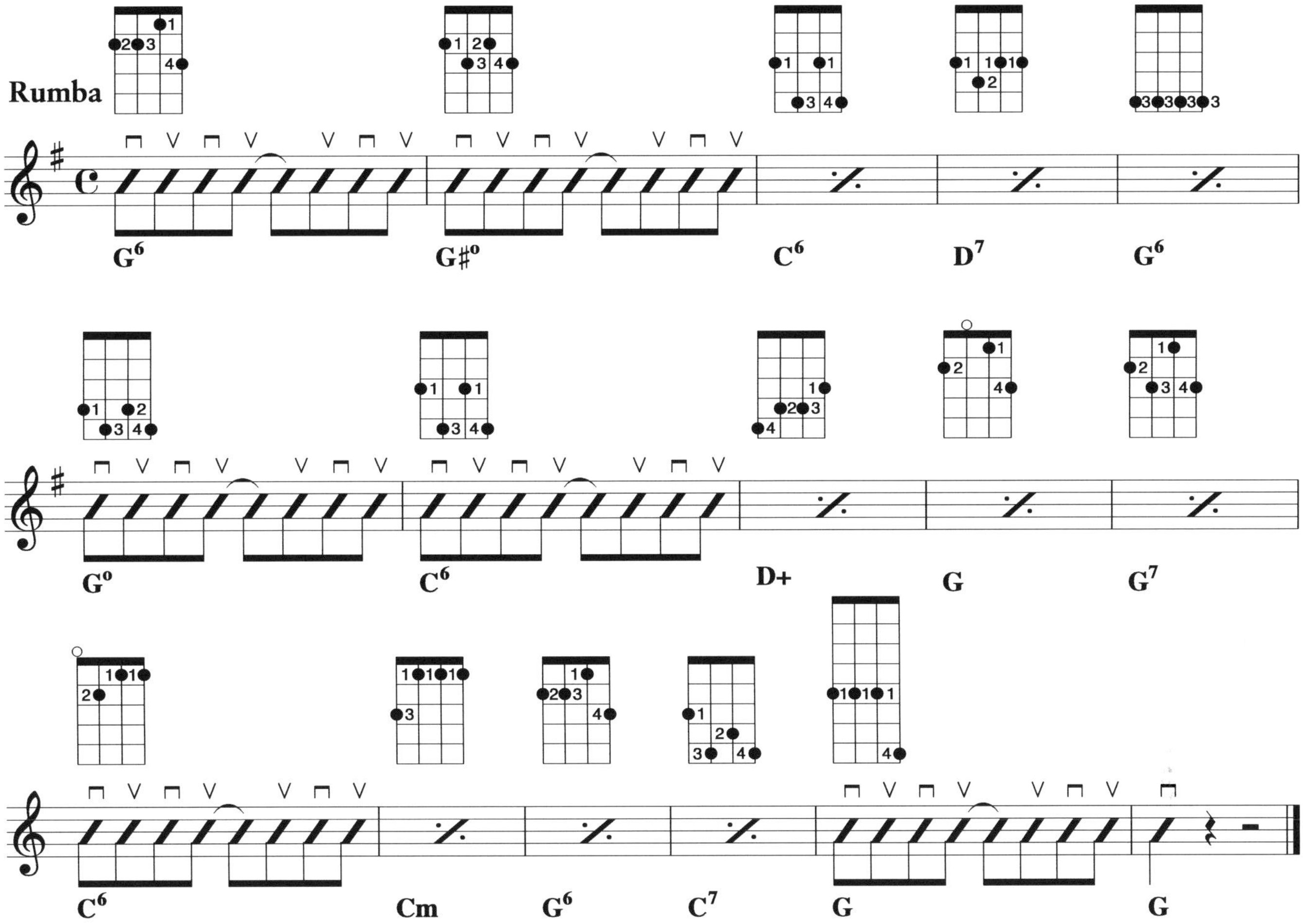

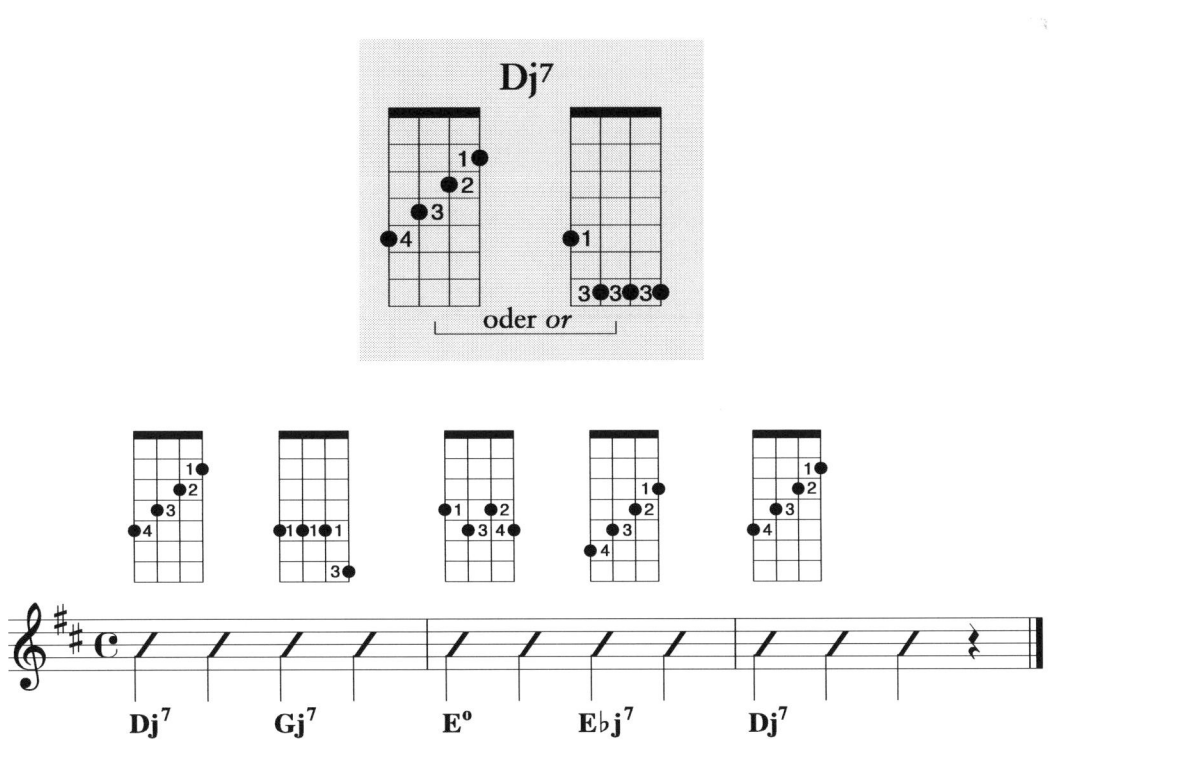

Rumba

G^6 G#^{o} C^6 D^7 G^6

G^o C^6 D+ G G^7

C^6 Cm G^6 C^7 G G

DURAKKORD MIT GROSSER SEPTIME (MAJ^7)
Major Chord With Augmented Seventh (maj^7)

Dj^7

oder *or*

Dj^7 Gj^7 E^o E♭j^7 Dj^7

OLD FOLKS AT HOME

Traditional

Way down up-on the swan-nee rib-ber, far, far a-

G   G⁷   C   C#°   G   Em

way, dere's wha my heart is turn-ing eb-ber,

Am   D⁷   G   G⁷   C   C#°

dere's wha de old folks stay. All up and down de

G   A⁷   D⁷   G   G   G⁷

trem.

whole cre-a-tion, sad-ly I roam,

C   C#°   G   Em   Am   D⁷

das DING
Kultliederbuch

Das Ding, Kultliederbuch
Texte mit Akkordbezifferung

Das Ding, D 66
ISBN 978-3-934958-66-1, ISMN 979-0-50017-027-3

Das Ding 2, D 77
ISBN 978-3-934958-77-7, ISMN 979-0-50017-028-0

Das Ding 3, D 88
ISBN 978-3-86849-088-6, ISMN 979-0-50017-358-8

Das Ding 4, D 99
ISBN 978-3-86849-246-0, ISMN 979-0-50017-388-5

Das Ding 5, D 44
ISBN 978-3-86849-343-6, ISMN 979-0-50017-516-2

Das Ding mit Noten, Kultliederbuch
Texte mit Akkordbezifferung und Melodiestimme

Das Ding mit Noten, D 6666
ISBN 978-3-86849-014-5, ISMN 979-0-50017-450-9

Das Ding 2 mit Noten, D 7777
ISBN 978-3-86849-185-2, ISMN 979-0-50017-115-7

Das Ding 3 mit Noten, D 8888
ISBN 978-3-86849-194-4, ISMN 979-0-50017-151-5

Das Ding 4 mit Noten, D 9999
ISBN 978-3-86849-247-7, ISMN 979-0-50017-389-2

Das Ding 5 mit Noten, D 4444
ISBN 978-3-86849-344-3, ISMN 979-0-50017-517-9

Das Weihnachts-Ding, D 55
ISBN 978-3-86849-299-6, ISMN 979-0-50017-472-1

Das Weihnachts-Ding mit Noten, D 5555
ISBN 978-3-86849-300-9, ISMN 979-0-50017-473-8

DUX

www.dux-verlag.de

Der schnelle Weg zum DING

https://www.dux-verlag.de/
das-ding.html